初心者のためのAIを活用した お金の稼ぎ方

泉 忠司

マネジメント社

はじめに

いきなりですが、問題です。

僕はこの本をどのくらいの時間をかけて書いたでしょう?

僕はこれまで小説、ビジネス書、勉強法、英語の参考書など多岐にわたる本を58冊執筆してきました。この本は59冊目です。ゴーストライターを利用したことは一度もありません。僕自身が書くほうが圧倒的に速いし、質も高いからです。

例えば小説なら1か月くらい、ビジネス書なら2週間から3週間で書いてしまいますが、これまで担当してくださった各出版社の編集者の方々からは一様に「ものすごく執筆が速い」と言われてきました。

そんな僕がこの本の執筆に費やした時間は・・・たった45分です。正確には、目次作りから各章の執筆まで、AIに45分で執筆してもらった文章を元に、加筆修正したのでもう少し時間がかかっていますが、それでもたった1日です。

僕はたった1日でこの本を完成させたのです。

「AI」がテーマの本だけに、本の執筆そのものに初めてAIを使ってみましたが、「ゼロから僕が書いたとしてもこういう本になるだろう」という本そのものになっています。

正直、僕自身が一番驚いていると言っても過言ではありません。

最近、AIという言葉をよく耳にするようになりました。AI（人工知能）は、僕たちの生活のいたるところで活躍していて、スマートフォンの音声アシスタント（SiriやGoogleアシスタントなど）やオンラインショッピングでの「おすすめ商品」機能などにも深くかかわっています。

また、皆さんが毎日使っているようなSNSのニュースフィードにもAIが関与しているんですよ。

例えば、InstagramやFacebookなどのSNSでは、AIがユーザーの好みや過去の閲覧履歴を分析し、興味を持ちそうな投稿を優先的に表示しています。友だちの投稿やフォローしているアカウントの内容だけでなく、AIが「このユーザーは旅行やレストラン情報に関心がある」と判断すると、旅行先の写真やレストランのレビューがタイムラインに多く表示される仕組みです。

AIは僕たち一人ひとりに合わせたニュースフィードを提供することで、SNSの体験をより楽しく、便利なものにしています。

このように、AIはすでに僕たちの日常に深く入り込んでいるにもかかわらず、「AIってすごそうだけど、なんだか難しそう」と思っている方も多いのではないでしょうか。

この本は、そんなAI初心者の方に向けて、AIを使って収入を増やす方法をわかりやすく紹介していきます。難しい専門用語やプログラミングの勉強はいっさい必要ありません。シンプルなステップと具体例でAIを使った収入の増やし方を解説していきます。

この本を読むと、例えば次のようなことができるようになります。

❶ＡＩでブログやＳＮＳをパワーアップ

ＡＩを使うと、ブログ記事やＳＮＳ投稿を簡単に作成したり、内容を充実させたりできます。例えば、「チャットボット（Chatbot）」を活用して読者からの質問に自動で返信する仕組みを作ったり、「ＡＩ文章生成ツール」で読者が興味を持ちそうなトピックを調べたり、文章を自動生成して時間を短縮することが可能です。こうすることで、忙しい方でもコンテンツを増やしやすくなり、ブログやＳＮＳの収益化がスムーズに進みます。

❷ＡＩでアフィリエイト収入を増やす

ＡＩを使ったＳＥＯ（検索エンジン最適化）ツールを使えば、どのキーワードが人気なのか、競合と比べてどのテーマが注目されているのかが簡単にわかります。そのデータをもとに、収益性の高いアフィリエイトリンクを自然に組み込んだ記事を書くことができるので、読者に役立つ情報を提供しながら収入を得るチャンスが増えます。例えば、「今流行っている健康グッズ」をＡＩツールで見つけ、そこに自分のブログやＳＮＳで紹介記事を作るなどの方法が効果的です。

❸AIでお小遣い稼ぎに挑戦

「AI画像生成ツール」を使って、オリジナルのイラストやデザインを簡単に作り、オンラインで販売することも可能です。デザインの知識がなくても、キーワードを入力するだけでユニークな作品を生み出せます。例えば、オリジナルのTシャツデザインを作ってネットショップで販売することもできますし、画像をダウンロード販売することもできます。このような活動は、ちょっとした副収入として気軽に始められるのが魅力です。

❹AIで投資にチャレンジ

「AI予測ツール」を使って株式や仮想通貨の動向を調べたり、トレンドを分析したりすることで、リスクを抑えて投資を始めることができます。初心者向けのツールなら、今後の価格予測をもとにしたアドバイスや、どの銘柄が注目されているかをチェックすることが可能です。少額から始めて、少しずつ投資の勉強をしながら増やしていくのも良い方法です。これなら、忙しい方でも日々の資産を効率よく管理できます。

❺ＡＩでオンライン講座を作ってみよう

ＡＩを使うと、オンライン講座の作成が驚くほど簡単になります。例えば、「ＡＩ動画生成ツール」を使って講座用の動画を自動的に作ったり、編集したり、「ＡＩプレゼンテーション作成ツール」でスライドを作ったりすることで、初心者でもわかりやすく役立つ講座を作れます。英会話や料理、運動など自分が得意な分野で講座を作り、オンラインで受講者に提供することで収益化が容易になります。

本書では、これらの具体例を通じて、ＡＩを活用することで「やってみたいこと」を「収入につながること」へと発展させる方法を紹介していきます。

ＡＩは一部の専門家だけが使うものではなく、日常の中で気軽に取り入れられるツールです。ぜひこの本を通じて、あなたもＡＩを活用した収入アップの世界に一歩踏み出してみてください。

泉 忠司

目次

初心者のための
AIを活用した
お金の稼ぎ方

第1章 まずはＡＩを理解しよう！

第2章 フリーランスや副業でAIを使ってみよう

第3章 ブログやSNSでお金を稼ぐ

第4章

お小遣い稼ぎに！データや数字を使って売上アップ

第5章

投資にチャレンジ！AIで資産を増やす

第6章 オンライン講座を始めよう

第7章 人とのつながりでビジネスを広げよう

第8章 ——

これからの時代とＡＩの未来

GENERATIVE ARTIFICIAL INTELLIGENCE

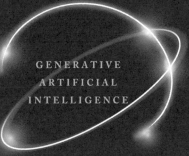

第 1 章

まずはAIを理解しよう！

ＡＩを活用して収入を増やすには、まずＡＩ（人工知能）について理解することが大切です。「ＡＩ」と聞くと、難しそうに感じる方も多いかもしれませんが、じつはＡＩはすでに僕たちの生活に浸透していて、便利なツールとして日々の生活や仕事をサポートしてくれています。

この章では、ＡＩの基本的な仕組み、生活や仕事での活用例、そしてＡＩを使ってお金を稼ぐための基本的な考え方を具体的な例とともに学んでいきましょう。

簡単にわかるＡＩの仕組み

ＡＩとは「Artificial Intelligence（人工知能）」の略で、人間のように「学び」「判断し」「予測」を行う技術です。ＡＩは、大量のデータを処理してパターンを見つけ、そのパターンをもとに新しい情報に対して効果的な判断を下すことが得意です。ここでは、ＡＩの仕組みをわかりやすく理解するため、主要な3つの技術に分けて解説します。

1　機械学習（Machine Learning）

機械学習は、過去のデータをもとにして新しいデータに対応するための技術です。ＡＩがデータを学習することで、次に起こる出来事を予測したり、未知のデータに対して「これはこうだろう」と判断する力を持ちます。

例えば、ＡＩに多くの画像データを与えて「犬」と「猫」を区別するように学習させると、AIはそれぞれの特徴を学び、初めて見る犬や猫の画像も正確に判別できるようになります。

Amazonや楽天市場のようなオンラインショップの「おすすめ商品」機能にはこの技術が使われています。過去の購入履歴や閲覧履歴をAIが学習し、「この人はスポーツ用品に興味があるから、新作のランニングシューズをおすすめしよう」と提案してくれます。これにより、買い物体験がスムーズになり、販売側もより売上を上げやすくなります。

2 ― 深層学習（Deep Learning）

深層学習は、機械学習の一部であり、人間の脳を模した「ニューラルネットワーク」を使って複雑なパターンを学習する技術です。多くのデータを使って「繰り返し学習」することで、AIはより正確な判断を行えるようになります。特に画像認識や音声認識で高い精度を発揮し、スマートフォンの顔認証機能などで広く利用されています。

顔認証でスマートフォンのロックを解除したり、パスワードを入力する代わりに顔認証でアプリなどにログインできたりしますよね。

例えば、太ったり痩せたりしてもきちんと顔認証されるのかとか、自分に似ている人の顔で間違ってスマホを開いてしまったりしないのかなどと不安に思っても、きちんと本人認証してくれます。これは、ＡＩが大量の顔データを学習し、照明や角度が異なる状況でも「この顔は本人である」と正確に認識できるようになっているからです。これにより、スマートフォンのロック解除やアプリなどへのログインがスムーズになり、安全性も確保されます。

3　自然言語処理（Natural Language Processing, NLP）

自然言語処理は、人間の言葉を理解し、適切に返答や翻訳を行う技術です。チャットボットや翻訳アプリ、音声アシスタントなどがこの技術によって動作しています。

例えば、ＡＩが人間の言葉を分析し、文脈や意図を理解して応答を返すため、複雑な会話もできるようになっているのです。

オンラインショップのカスタマーサポートによくあるＡＩチャットボットは、自然言語処理技術によって実現しています。Expedia や Agoda に代表されるような旅行サイトで「キャンセルの手続き方法を教えて」と質問すると、ＡＩがそれを理解し、自動的に「キャンセル方法のページはこちらです」とリンクを提供してくれます。24時間対応できるため、利用者はいつでも質問に対する答えを得ることができ、サポート体制の充実にもつながります。

ＡＩは僕たちの生活にどう役立っているか

ＡＩは、すでにさまざまな場面で僕たちの生活を支え、効率を向上させています。ここでは、日常でＡＩがどのように役立っているか、具体的な例を見ていきましょう。

1 ― スマートフォンの音声アシスタント

スマートフォンには、ＡＩを利用した音声アシスタント（Siri や Google アシスタントなど）が搭載されています。音声アシスタントは、話しかけるだけで天気やニュースの情報を調べたり、アラームを設定したりすることができます。

例えば、朝の支度をしながら「今日の天気は？」と質問すると、音声で答えてくれるため、スマホを操作せずに情報を得ることができます。

2 ― SNSや動画配信サービスの「おすすめ」機能

YouTube や Netflix などでは、ユーザーの視聴履歴をもとにＡＩが「おすすめ動画」や「おすすめ映画」を表示してくれます。これにより、ユーザーは興味のあるコンテンツを効率よく見つけることができ、プラットフォームに長く滞在する傾向があります。

例えば、スポーツ動画をよく見るユーザーには、新しいスポーツイベントの動画が表示されやすくなります。

3 — オンラインショッピングでのパーソナライズされた提案

オンラインショッピングサイトでは、「あなたにおすすめ」の商品が表示されることがあります。これは、ＡＩが過去の購入履歴や検索履歴を分析し、あなたが興味を持ちそうな商品を提案しているからです。

例えば、過去にスマートフォン関連のアクセサリーを購入した場合、関連商品の新作や特価商品が表示され、効率的なショッピング体験が可能になります。

4 — 健康管理と医療での活用

Apple Watch のようなスマートウォッチなどのウェアラブルデバイスにはＡＩが搭載され、心拍数や歩数、睡眠データを収集し、健康状態の分析を行っています。

例えば、異常な心拍数を検知した際にはアラートを出してくれるなど、日々の健康管理に役立ちます。医療の分野でもＡＩが活用され、早期診断や予防医療に貢献しています。

ＡＩを活用した仕事の基本的な考え方

ＡＩを使ってお金を稼ぐには、単なる道具としてＡＩを捉えるのではなく、「どのようにＡＩを仕事に活用するか」という視点が重要です。ＡＩは人間の「アシスタント」として、繰り返しの作業を自動化し、データの分析や予測を行うことで僕たちの仕事を支援してくれます。ここでは、ＡＩを活用して効率的に仕事を進める考え方を３つ紹介します。

１　繰り返し作業をＡＩに任せる

ルーティンワークや単調な作業はＡＩに任せることで、時間と労力を大幅に節約することができます。これにより、自分の時間を創造的な仕事や重要な判断に使うことが可能になるのです。

例えば、会計ソフトにＡＩが組み込まれている場合、毎月の支出や収益の計算を自動化することができます。特に小規模ビジネスや副業をしている人にとって、経費の計算や帳簿の管理が楽になるので、より本業に集中できるようになります。

2 ＡＩで「分析」や「予測」を活用する

ＡＩを使って顧客データや売上データを分析することで、次の一手を考えやすくなります。過去の売上データをもとに、ＡＩが「この時期にはこの商品が売れやすい」と予測してくれれば、効果的なキャンペーンを計画できるのです。

例えば、商品販売をしている場合、ＡＩが季節ごとにどの商品が売れるかを予測してくれると、あらかじめプロモーションや在庫管理を調整しやすくなりますよね。春にキャンプ用品の売上が伸びると予測される場合、早めに在庫を増やし、春に向けたキャンペーンを計画することで、売上を最大化できます。

このように、ＡＩのデータ分析や予測機能を活用することで、無駄なコストを抑えつつ収益を上げるための効果的な戦略を立てられるのです。

３―ＡＩで24時間対応の顧客サポートをする

ＡＩを活用したチャットボットを導入することで、24時間体制の顧客サポートが可能になります。顧客が質問をした際に、ＡＩが自動的に対応することで、スタッフの負担を軽減しつつ、顧客満足度を向上させることができます。これは、特に小規模ビジネスや副業をしている人にとって大きなメリットです。

例えば、ネットショップにＡＩチャットボットを設置することで、「商品の在庫はありますか？」「発送にかかる日数は？」といったよくある質問に自動で答えることができます。これにより、顧客はいつでも必要な情報を得られ、迅速な対応が可能になります。さらに、こうしたＡＩによるサポートを提供することで、顧客が安心して購入を決めやすくなり、購入率の向上にもつながります。

ＡＩを活用して仕事や収益を増やすためのヒント

ここまで、ＡＩの基本的な仕組みや生活・仕事での活用例を学んできましたが、ここではさらにＡＩを活用して収益を増やすためのいくつかのヒントを紹介します。

ＡＩの利便性を最大限に引き出すためには、適切なツールやアプローチを知ることが大切です。

1 — 自分に合ったＡＩツールを見つける

ＡＩにはさまざまな種類のツールがあり、業務内容や目的によって最適なツールも異なります。まずは、自分が取り組んでいる仕事や目的にもっとも適したツールを選ぶことが大切です。

例えば、ライティングの効率化を目指すなら、ＡＩ文章生成ツールを活用して記事作成の手間を減らしたり、画像やデザインが必要なら、ＡＩ画像生成ツールを使ってオリジナルのイラストを作成したりすることが考えられます。

また、ブログ記事やＳＮＳの投稿作成には、「ChatGPT」などのＡＩ文章生成ツールを使えば、見込み客に響く内容を短時間で作成できます。オリジナルデザインの作成には「Stable Diffusion」や「Midjourney」などのＡＩ画像生成ツールが役立ちます。

これらを使うことで、デザインやライティングの知識がなくても、質の高いコンテンツが簡単に作れます。

2 ― 小さなプロジェクトで実験しながら学ぶ

ＡＩを活用する際には、最初から大きなプロジェクトに取り組むのではなく、小さなプロジェクトで実験的に始めるといいでしょう。ＡＩの効果や活用方法を小規模なプロジェクトで試すことで、自分にとって最適な方法やツールの使い方がわかり、徐々にスキルを身につけることができます。

例えば、ＳＮＳでの投稿の反応を向上させたい場合、まずはＡＩ文章生成ツールを使って特定の投稿のコピーを試作し、どのフレーズや内容が反応を引きやすいかを実験してみましょう。その結果をもとに、今後の投稿の方向性を決めたり、最適な投稿時間をＡＩ分析ツールで確認するなど、データに基づいた改善が可能です。

３―継続的にＡＩのトレンドをチェックする

ＡＩは急速に進化しているので、新しい技術やツールが次々と登場します。そのため、定期的にＡＩの最新トレンドや新しいツールの情報をチェックし、自分のビジネスに役立ちそうなものを見つけたら積極的に試してみることが大切です。これにより、競争力を高めたり、より効率的に収益を上げられる可能性が広がります。

ＡＩの情報を常に把握するためには、ニュースサイトやテック系メディア、ＡＩ専門のブログやＳＮＳをチェックするのもいいでしょう。また、ＡＩに関するオンラインコミュニティやＳＮＳでのフォーラムやオープンチャットに参加することで、他のユーザーの成功例や活用法を学び、自分のビジネスにも新しいアイディアを取り入れることができます。僕自身も泉忠司公式 LINE(@tadashi123) で有益な情報を定期的に発信しています。

summary

この章では、ＡＩの基本的な仕組みと、日常生活や仕事での具体的な活用方法について詳しく解説しました。ＡＩは単なる道具ではなく、僕たちの「アシスタント」として多くの場面で役立ってくれる頼もしい存在です。繰り返し作業をＡＩに任せることで時間と労力を節約し、ＡＩの分析や予測機能を使って効率的に収益を上げることも可能です。

次の章では、フリーランスや副業としてＡＩを活用する方法に踏み込んでいきます。具体的なＡＩツールを使った文章作成、画像生成、動画生成、音声変換など、すぐに取り入れられるテクニックを解説していきますので、ぜひ楽しみにしていてください。

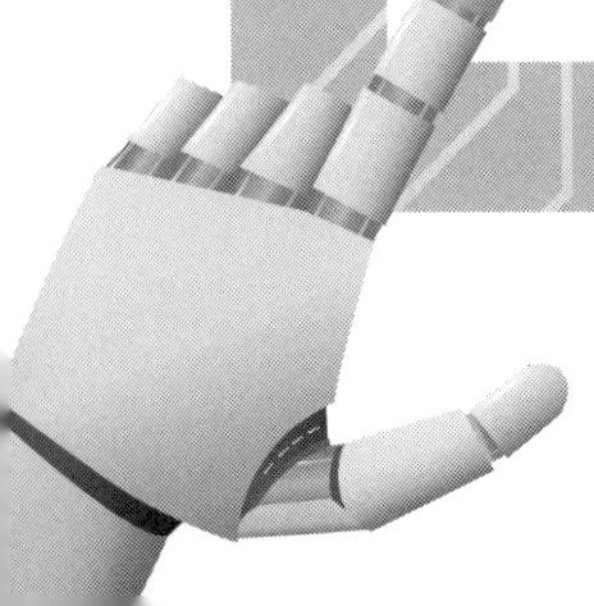

GENERATIVE
ARTIFICIAL
INTELLIGENCE

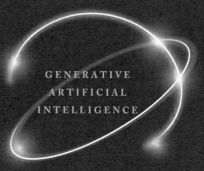

第2章

フリーランスや副業でAIを使ってみよう

ＡＩを活用すると、フリーランスや副業での仕事が飛躍的に効率化し、収入の向上にもつながります。

この章では、フリーランスや副業に特に役立つＡＩツールと、それらを活用した具体的な仕事の進め方を紹介します。文章作成、画像制作、動画制作、音声変換など、さまざまな分野で使えるＡＩツールを実際の使い方とともに解説していきます。

どのツールも初心者でも簡単に使えるものなので、実践的な内容を学びながら、収益化に役立つアイデアをつかんでいきましょう。

ＡＩで文章を書く・画像を作る・動画を作る・音楽を作る

ＡＩを使えば、ブログ記事、ＳＮＳ投稿、広告コピーなどの文章作成が短時間でできるようになります。また、デザインの知識がなくても、ＡＩを使ってオリジナルの画像を作成することが可能です。さらにはオリジナル動画作成やオリジナル楽曲制作まで簡単にできてしまいます。

それぞれの用途に適したツールを見ていきましょう。

1 ― AI文章生成ツールで文章を作成

AI文章生成ツールは、テーマやキーワードを指定するだけで、自動的に文章やコンテンツを作成してくれる便利なツールです。ブログ記事の下書き、SNS投稿のキャプション、商品説明など、多様な文章を短時間で生成することができるので、特にライティングを仕事にしている方は重宝するでしょう。また、AI文章生成ツールはプログラミングもできますので、プログラマーの方にも有益です。

●おすすめツール：ChatGPT, Claude, Gemini

ChatGPTは、多様なトーンやスタイルに合わせて文章を書けるAI文章生成ツールです。ブログ記事や広告コピーにも応用できます。

Claudeはプログラミングが得意です。コードを書くのにもっとも最適なAI文章生成ツールと言われています。

GeminiはGoogleが運営していますので、GoogleマップをはじめGoogleが展開している他のサービスとの連携に強いです。

●具体例 その1：商品説明の作成

例えば、オンラインショップで「最新のランニングシューズ」を販売する場合を考えてみましょう。商品説明として、「軽量」「通気性」「シンプルデザイン」などの特徴をAI文章生成ツールに入力します。すると、AIが「軽量で足への負担が少なく、長時間走っても疲れにくいシューズです。通気性もよく、シンプルでおしゃれなデザインが魅力です」といったプロモーション向けの文章を提案してくれます。

このように、商品説明のような文章を効率よく作成できることから、多くの商品を扱うオンラインショップ運営者にも役立ちます。

●具体例 その2：ブログ記事の作成

ブログ記事を定期的に更新することは、読者の関心を引き、アクセス数を増やすのに効果的です。しかし、毎回新しいテーマで記事を書くのは大変ですよね。

例えば、「旅行ブログ」で「秋におすすめの観光地」をテーマに記事を書きたい場合、キーワード「秋」「おすすめ観光地」「家族旅行」などをAIツールに入力します。すると、「秋に訪れたい人気観光地トップ5」という記事タイトルや、それぞれの観光地の魅力をＡＩが書き出してくれます。自分でアイデアを出す手間が省けるので、短時間で記事を量産することができます。

2 ― ＡＩ画像生成ツールでビジュアルを作成

ＡＩ画像生成ツールは、キーワードや指示を入力するだけで、オリジナルのイラストやデザインを生成してくれます。広告用の画像、ブログのサムネイル、ＳＮＳ用の投稿画像など、デザインスキルがなくても美しいビジュアルを作成することができます。

●おすすめツール：DALL-E, Midjourney, Stable Diffusion, Photoshop

DALL-Eは、Chat GPTを開発したOpenAI社が開発した画像生成ＡＩです。詳細な指示に応じてイラストやデザインを作成できます。

Midjourneyは、特にアーティスティックで個性的な画像を生成するのに適していて、クリエイティブなデザインが求められるＳＮＳや広告ビジュアルに向いています。

Stable Diffusion はプロフェッショナル向きで使うのが難しいものの、もっとも高性能と言われています。使いこなすことができれば、自由自在に画像を生成できます。

Photoshop は Generative Fill というＡＩの機能が組み込まれていて、それが非常に強いです。Midjourney や Stable Diffusion のようにゼロから画像を作り出すのは苦手ですが、例えば、何もない部屋の写真をもとに、テレビやソファを置いた画像を生成するなど、部分的に画像を作り出すのに Photoshop は非常に優れています。

●具体例その１：ＳＮＳ用の画像作成

例えば、「旅行ブログ」を運営している場合、「美しい夕焼けのビーチ」「リラックスする旅行者」というキーワードを入力して画像を生成すれば、ＳＮＳ投稿にぴったりな魅力的なビジュアルが出来上がります。旅行のテーマに合わせた画像が手軽に作成できるので、視覚的に訴える力が強くなり、フォロワーの反応も良くなります。

●具体例その2：オンラインショップの広告画像

オンラインショップで「春の新作ファッション」のキャンペーンをする際、「春らしいパステルカラーの背景」「ファッションアイテム」といったキーワードを入力し、AIに広告画像を作成させます。これにより、シーズンごとに異なる雰囲気のビジュアルが簡単に作成でき、広告の見栄えをより一層高めることができます。

3 — AI動画生成ツールで動画を作成

AI動画生成ツールは、簡単なキーワードや指示を入力するだけで、オリジナルの動画を自動で生成してくれる便利なツールです。プロの映像編集スキルがなくても、広告用の動画、YouTubeやSNSのコンテンツ動画、プレゼンテーションのビジュアルなど、多様な用途に応じた動画を作成できます。ナレーションの追加や字幕の挿入、テンプレートを使ったデザインも可能で、誰でも手軽に視覚的に魅力的な動画コンテンツを制作することができます。

●おすすめツール：Runway, KLING AI, Heygen

Runway と KLING AI はともにゼロイチ（0から1を作り出すこと）が得意な動画生成ツールで、例えば「猫が走っている動画を作ってください」と指示すれば、まさにそういう動画を作ってくれます。

Runway は多機能で幅広い用途に対応し、教育機関でも採用されるなど汎用性が高いです。これに対して KLING AI は高品質で長時間動画の生成に特化し、基本機能を無料で利用できるのが特徴です。

Heygen は特化型の動画生成ＡＩで、ゼロイチは苦手ですが、例えば人間のクローンを作ることができたりします。僕が2分〜5分くらい話している動画を撮って Heygen にアップロードすると、僕の顔や声質や身振り手振りなどを学習して僕のクローンができるのです。そしてセリフを文字で入れるだけで僕のクローンが僕の代わりに動いて、話して、講義してくれるのです。

●具体例その1：SNS用の旅行プロモーション動画

例えば、「旅行会社」がSNSでリゾート地のプロモーションをしたい場合、動画生成AIに「美しい砂浜」「青い海」「くつろぐ旅行者」といったキーワードを入力すると、AIがこれらのシーンを組み合わせた映像を自動で生成してくれます。さらに、ナレーションやBGMも自動追加すれば、簡単にプロフェッショナルな動画が完成します。視覚的に魅力的な映像が短時間で作成でき、旅行者にリゾート地の魅力を効果的に伝えることができ、予約率アップも期待できます。

●具体例その2：商品レビュー動画の作成

「美容ブロガー」が新しいスキンケア製品のレビューをSNSに投稿したい場合、動画生成AIに「肌のケア」「自然成分」「使用後の輝く肌」といったキーワードを入力するだけで、製品の使用イメージや効果を訴える映像が自動生成されます。テキストで製品の特徴を画面に表示したり、ナレーションを追加したりすることで、よりわかりやすい動画が完成します。

こうしたプロモーション動画により、フォロワーが製品に興味を持ちやすくなり、購入や利用の意欲も高まります。

４―ＡＩ音声生成ツールで音声や楽曲を作成

ＡＩ音声生成ツールは、キーワードや指示を入力するだけで、オリジナルのナレーションや音声を生成してくれます。広告用のナレーション、ポッドキャストの音声、動画の解説音声など、プロのナレーターがいなくても、自然で魅力的な音声を作成することができます。また、オリジナルの楽曲を作成することもできます。

●おすすめツール：VALL-E X, Suno, Udio

VALL-E X は声を作り出すＡＩです。僕の声を学習させてセリフを入れたら、僕の声でセリフを読んでいる音声が生成できます。

Suno と Udio は音楽を作り出すＡＩです。例えば「夏の午後にドライブしながら聞きたい曲をポップな曲調で作ってください」と入れれば、そういう楽曲を作ってくれます。また「それを歌詞入りでお願いします」と指示すれば歌詞が入り、ボーカルが入った楽曲ができあがります。もはや作詞や作曲の知識がなくても、楽器を弾けなくても、作詞作曲をAIがやってくれる時代なのです。

Suno は多言語対応や無料プランの充実度が特徴的で、Udio は高品質な楽曲生成と商用利用の柔軟性が際立っています。

●具体例その1：商品紹介動画のナレーション生成

オンラインショップの運営者が新商品の紹介動画を作りたい場合、音声生成AIに「明るく親しみやすい声のナレーション」を生成させ、製品の説明文を入力するだけで、商品の魅力を引き出すナレーションが完成します。

例えば、「新発売のコーヒーメーカーの使い方と特徴」を解説する音声を生成して、実際の製品映像に合わせて再生すると、ユーザーは商品の使い方をすぐにイメージできます。AIによる簡単なナレーション追加により、商品の訴求力が強まり、購入意欲を高める効果が期待できます。

●具体例その２：YouTube 動画のオリジナル BGM 作成

例えば「料理チャンネル」を運営している場合、楽曲生成ＡＩに「穏やかでリラックスできる雰囲気」「ゆっくりとしたテンポのＢＧＭ」といったキーワードを入力すると、料理動画に合ったオリジナルのＢＧＭが生成されます。

視聴者が快適に視聴できるような音楽が簡単に手に入るので、視覚と聴覚の両方から引き込まれるコンテンツに仕上がり、魅力がさらにアップします。

音声を文字に変える、翻訳するなどの簡単ツール

ＡＩはオリジナルの文章や画像や動画などを生成するだけではなく、音声をテキストに変換したり、外国語を翻訳したりする作業にも活用できます。特にインタビュー

記事の作成や、動画の字幕作成にかかわるライターやクリエイターにとって非常に便利です。

1　AI音声認識ツールで音声を文字に変換

音声認識ツールは、会議やインタビューの録音データを自動的にテキスト化してくれるツールです。これにより、音声をいちから文字起こしする手間が大幅に省け、作業効率が格段に向上します。

❶おすすめツール：Google Cloud speech-to-text, Microsoft speech service

Google cloud speech-to-text は高精度の音声認識を持ち、特に長時間の音声データを文字起こしする際に役立ちます。125以上と対応言語が多いのも特徴です。

Microsoft speech service は音声をテキスト化するだけでなく、テキストの音声化も可能なサービスです。またセキュリティの高さも大きな特徴と言えます。

❷具体例 その１：インタビューの文字起こし

例えば、ジャーナリストが録音したインタビュー音声を文字起こしすると、会話内容がテキスト化され、さらに発言者ごとに分けて表示され、編集作業が非常にスムーズに進みます。録音データを自動でテキスト化してくれるので、インタビューの書き起こし作業にかかる時間が大幅に短縮され、他の作業に集中できるようになります。

❸具体例 その２：カスタマーサポートの効率化

オンラインショップでカスタマーサポートを行っている場合、ＡＩ音声認識ツールを使用して、顧客からの電話問い合わせ内容をリアルタイムで文字起こしします。顧客が質問や相談した内容がすぐにテキスト化され、サポート担当者が画面上で確認しながら対応できるので、聞き逃しや誤解を防げます。

さらに、よくある質問やキーワードをＡＩが検出して、迅速に解決策を提案でき、対応時間が短縮され、顧客満足度の向上にもつながります。

2 ― AI自動翻訳ツールで外国語の資料を翻訳

AI翻訳ツールを使うと、外国語の資料やメッセージをすばやく翻訳できます。これにより、海外の情報を収集したり、外国人クライアントとのやり取りをスムーズに進められます。

●おすすめツール：DeepL, Google 翻訳

DeepL は高精度で自然な文章に翻訳してくれることから、特にビジネス文書や資料の翻訳に適しています。

Google 翻訳は多言語対応が充実しており、簡単な日常的なやり取りからビジネス対応まで、幅広いシーンで役立ちます。

●具体例その1：外国人クライアントとのメール翻訳

海外クライアントと仕事をしている場合、英語で来た問い合わせや依頼のメールを DeepL で迅速に日本語に翻訳して内容を把握し、日本語で返信内容を作成

した後、これを英語に翻訳して返信することができます。これにより、言語の壁を越えてスムーズなコミュニケーションが可能になり、海外案件を積極的に受けられるようになります。

●具体例その２：多言語ブログの運営

例えば「料理ブログ」を多言語で運営したい場合、ＡＩ自動翻訳ツールを使って、記事を英語からスペイン語やフランス語、中国語に、簡単に正確かつ自然な文章に翻訳できます。これにより、海外のフォロワーにもブログの魅力が伝わりやすくなり、グローバルなアクセス増加が期待できます。手軽に多言語化対応ができ、世界中の読者に向けて発信するハードルが下がります。

効率よく仕事を進めるための方法

AIツールを活用して仕事を効率的に進めるためのコツをいくつか紹介します。

AIをフル活用することで、時間や労力を大幅に節約し、本来のクリエイティブな作業やクライアント対応に集中できるようになります。

1 ― AIに任せる範囲を決める

AIツールは非常に便利ですが、すべての業務をAIに任せるのではなく、自分でフォローする範囲を決めておくことが重要です。

例えば、AIが自動生成した文章や画像の仕上げは人の手で行い、品質を高めることで、クライアントにとって価値のある成果物を提供できます。

●具体例：ブログ記事やＳＮＳ投稿の作成と編集

ＡＩライティングツールでブログ記事やＳＮＳ投稿の下書きを作成した後、自分の視点や経験を反映させるために編集を加えると、ＡＩだけで作成した文章よりも読み応えがあり、独自性が際立つ記事や投稿に仕上がります。ＡＩが提供する効率性と自分のアイデアを融合することで、質の高いコンテンツを短時間で提供できるようになります。

２　ＡＩの強みを活かして補助的に使う

ＡＩは補助的に活用することで、その特性を最大限に引き出すことができます。デザインや翻訳、データ分析といった作業はＡＩに任せ、人の手では難しい大量のデータ処理や分析をサポートしてもらうと、作業効率がさらに向上します。

●具体例：ＳＮＳキャンペーン用の画像作成

キャンペーンに合わせたデザイン画像をＡＩ画像生成ツールで作成し、そこにテキストやロゴを追加して独自のデザインに仕上げるなど、AIを活用しつつ自分のクリエイティビティを加えることで、オリジナリティが高いビジュアルを短時間で作成できます。こうすることで、自分だけのデザインが求められるシーンにも対応しやすくなります。

3 — 連携ツールを活用して一貫したワークフローを作る

AIツールの多くは、他のプラットフォームやツールと連携できる機能があります。例えばAIで作成した文章をGoogleドキュメントに自動転送したり、画像をデザインツールに取り込むといったフローを作ることで、業務効率がさらに向上します。

●具体例：コンテンツ制作から公開までの一貫フロー

AI文章生成ツールでSNSに投稿する記事の下書きを作成した後、Googleドキュメントに自動転送し、そこで最終確認を行います。次に、記事が完成したら、ワンクリックでWordPressなどのCMS（コンテンツ管理システム）にアップロードできるように設定しておけば、執筆から公開までの流れが非常にスムーズになります。

ＳＮＳでの告知に使用する画像も同時に生成し、投稿スケジュールをＡＩで管理することで、コンテンツ公開の手間が大幅に削減できます。

ＡＩを活用したフリーランスや副業の収益化アイデア

ＡＩを活用することで、フリーランスの収益化にはさまざまな可能性が広がります。以下に、実際にＡＩを使って収益を生み出すためのアイデアをいくつか紹介します。ＡＩツールを活用すれば、スキルや経験にかかわらず、仕事のチャンスを増やせるのが大きな魅力です。

1　AIを使ったコンテンツ作成サービス

AI文章生成ツール、画像生成ツール、動画生成ツール、音声生成ツールを使って、コンテンツ作成の代行サービスを提供することで収益化が可能です。企業や個人がブログやSNSで発信する際に必要なコンテンツを代わりに作成するサービスとして、マーケティングや広告など幅広い分野で需要があります。

●具体例 その1：ブログ記事の代行執筆サービス

クライアントからキーワードやテーマを受け取り、AIライティングツールで記事を作成して納品するサービスです。特にSEOを意識した記事作成は需要が高く、AIのSEOキーワード提案機能も活用することで、検索エンジンに強い記事を提供できます。多くの案件を効率的にこなせるので、フリーランスの収益化に適したビジネスです。

●具体例 その２：YouTube や TikTok の運用サービス

クライアントのブランドや商品を広めるために、Instagram や TikTok での投稿を代わりに作成・管理するサービスです。ＡＩのツールを使って、投稿内容や動画アイディアを考えたり、注目されやすいキャプション（説明文）やハッシュタグ（#キーワード）を自動で提案してもらえるので、専門知識がなくても質の高い投稿が作れます。

さらに、ＡＩが投稿の反応を分析し、「この時間に投稿するといい」「このテーマが人気」といったアドバイスを教えてくれるので、短期間でフォロワーを増やしやすくなり、商品やブランドの知名度アップを目指せます。ＳＮＳの運用に不慣れな人や多忙な経営者にとっては非常にありがたいサービスとなるでしょう。

２―ＡＩによる多言語対応の翻訳サービス

ＡＩ翻訳ツールを使い、多言語対応のコンテンツを作成する翻訳サービスも収益化のアイデアのひとつです。自動翻訳に少しの修正を加えるだけで、高品質の翻訳コンテンツが短時間で完成するので、効率よく案件をこなせます。

●**具体例：商品説明の多言語翻訳**

海外展開を考えている企業やオンラインショップにおいて、商品説明の多言語翻訳サービスを提供します。AIツールで翻訳後に、文化や言語の違いに合わせて細かなニュアンスを調整することで、より自然で効果的な商品説明が完成します。海外の顧客にリーチするための支援ができるので、企業からの需要も高くなります。

3―AIによるデザインを活用したビジュアル制作

AI画像生成ツールを使って、バナー、広告ビジュアル、ウェブサイト素材などを制作するサービスを提供することも収益化のひとつです。特に、短期間で高品質なビジュアルを求める企業にとって、AIによるビジュアル制作は効率的で魅力的な選択肢です。

●具体例：ＳＮＳキャンペーン用バナー制作

ＳＮＳマーケティングを行う企業のために、キャンペーン用のバナー画像をＡＩで作成するサービスを提供します。例えば、「夏のセール」「限定イベント」などのテーマに沿ったデザインをＡＩに生成させ、必要に応じてロゴやテキストを追加することで、プロフェッショナルなバナーを短期間で作成できます。キャンペーンごとに多様なデザインが必要な場合でも迅速に対応でき、リピーターも増えやすくなります。

４―音声文字起こしと編集サービス

ＡＩ音声認識ツールを使って、会議やインタビューの音声を文字に起こすサービスは非常に人気があります。また、要点をまとめたり編集したりすることで、より付加価値のあるサービスとして提供することも可能です。

●具体例：ビジネス会議の議事録作成サービス

ビジネス会議やインタビューの録音をＡＩ音声認識ツールで文字起こしし、その内容を要約した議事録を提供するサービスです。クライアントにとって効率よく会議の内容を把握でき、忙しいビジネスパーソンに重宝されます。特に、要点を簡潔にまとめることにより、クライアントにとって時間と手間を節約するメリットがあることから、価値の高いサービスになります。

5―ＡＩを使ったデータ分析とマーケティングサービス

ＡＩを使ってデータ分析やマーケティングの提案を行うサービスも需要があります。

特にマーケティングデータの分析や顧客の行動傾向の把握は、企業にとって重要な情報です。ＡＩを活用することで大量のデータを素早く処理し、マーケティングに役立つ洞察を提供できます。

●具体例：顧客行動データの分析レポート

Web サイトやＳＮＳの顧客行動データをＡＩで分析し、例えば「どのページが一番閲覧されているか」「どの投稿が最もエンゲージメントが高いか」を分析するレポートを作成します。これをクライアントに提供することで、より効果的なプロモーション活動の支援が可能になります。

データに基づいたアドバイスを行うことで、顧客にとっての価値が高まり、継続的な契約につながる可能性が高くなります。

summary

ＡＩは、フリーランスや副業としての仕事を効率化し、収益を拡大するための強力なツールです。ＡＩ文章生成、画像生成、動画生成、音声生成、音声認識、翻訳、データ分析など、さまざまな分野のＡＩツールを活用することで、単純な作業を効率化し、本来のクリエイティブな業務に集中する時間を確保できます。特に、フリーランスで多様な業務を抱える人にとって、ＡＩは非常に有用なパートナーとなりえます。

この章で紹介した具体例を参考にして、自分に合ったＡＩツールを取り入れ、業務を効率化しながらクオリティの高い成果物を提供していきましょう。ＡＩを上手に活用することで、より多くの案件をこなし、質の高いサービスを提供できることから、結果的に収益も向上します。

次の章では、ブログやＳＮＳを通じて収益を上げるために、ＡＩをどのように活用できるかについて詳しく見ていきます。具体的には、ブログのテーマやアイデアをＡＩに考えてもらったり、記事を効率よく作成したり、アフィリエイトを自然に組み込む方法について解説します。ブログやＳＮＳでの収益化を目指す方にとって、ＡＩは新しい可能性を広げるツールとなるでしょう。

ＡＩを使って短時間で質の高いコンテンツを作成し、読者の興味を引きながら収入につなげる方法を一緒に学んでいきましょう。

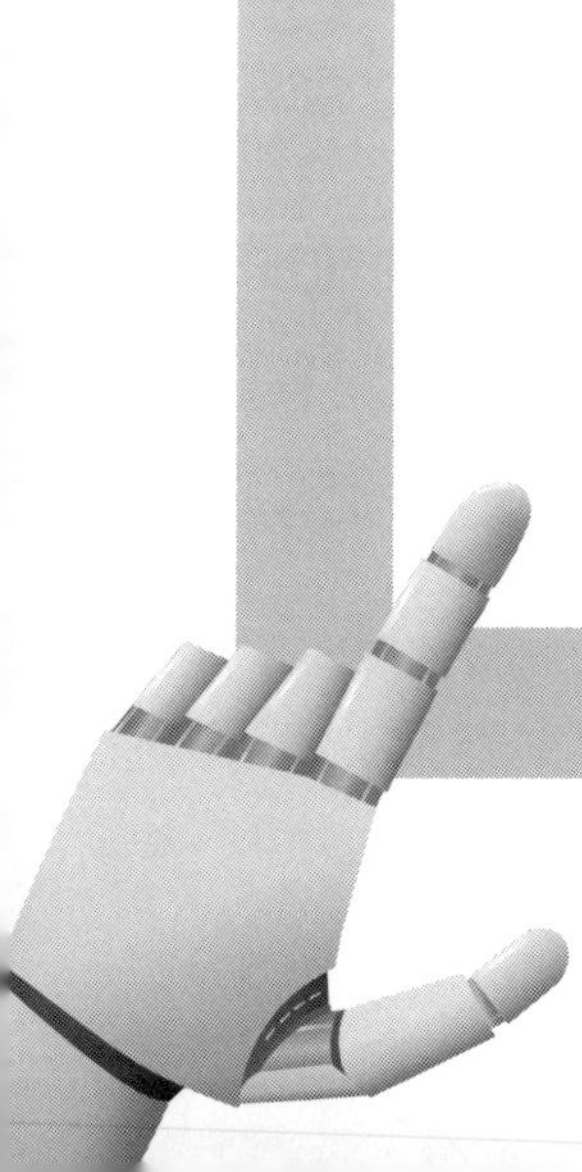

GENERATIVE ARTIFICIAL INTELLIGENCE

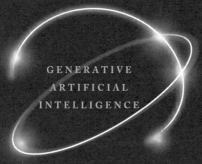

第3章

ブログやSNSでお金を稼ぐ

ブログやＳＮＳを通じて収益を上げるには、読者が興味を持つコンテンツを作り、定期的にアクセスを集めることが重要です。ＡＩを活用することで、コンテンツのアイデア出しや執筆、読者が興味を持ちやすいアフィリエイトの組み込みまでを効率よく行うことができ、より多くの収益を得るチャンスが広がります。

この章では、ＡＩを活用してブログやＳＮＳで収益化を目指す具体的なステップと実例を詳しく解説します。

ＡＩでブログやＳＮＳのアイデアを考える

ブログやＳＮＳを定期的に更新するためには、新しい記事のアイデアを見つけ続けることが大切です。特に、読者が興味を持ちやすいテーマや、検索エンジンでの検索頻度が高いキーワードを使うと、アクセスアップに効果的です。

ここでは、ＡＩを使って効率的にアイデアを見つけ、収益性の高い記事を作成する方法を紹介します。

１ ― キーワードリサーチにＡＩを活用する

ＡＩを活用したキーワードリサーチツールは、検索エンジンで多く検索されているキーワードや、読者が興味を持っているテーマを知るのに役立ちます。これをもとに、検索需要の高いキーワードを取り入れた記事を作成すれば、ブログやＳＮＳの閲覧数を増やしやすくなります。

Ahrefs や ClickUp AI や Semrush は、ＳＥＯ向けの代表的なＡＩキーワードリサーチツールです。検索エンジンでの検索数が多いキーワードや、競合サイトの人気コンテンツを分析し、どのキーワードがトラフィックに結びつきやすいかもわかります。

例えば、Ahrefs のキーワードジェネレーターにおおまかなトピック（テーマ）を入力し、対象国を選択して、「キーワードを検索」をクリックすれば、そのキーワードを含むもっとも人気のキーワードが最大１５０個まで表示されます。

例えば「ダイエット」に関するブログを書く場合、ＡＩキーワードリサーチツールで「ダイエット」の関連キーワードを調べると、「ダイエット 食事制限なし」「自宅でできるダイエット」「短期間で痩せる方法」などの検索が多いことがわかります。

こうしたキーワードに基づいて、「食事制限なしでできるダイエット法」や「自宅で簡単にできるダイエットエクササイズ」といった記事を作成することで、検索エンジンからのアクセスが期待できます。

次ページの画面は、Ahrefsで「ダイエット」を入力したときの画面です。関連するキーワードがたくさん出てきますし、そのキーワードがどれだけ検索されているかが数値としてわかります。この数値が高いキーワードをＳＥＯ対策に活用すれば、当然検索される数量も多くなるわけで、最終的にはそれが売上アップとして寄与していくわけです。

これまではコピーライターやクリエイターがあれこれ調べて考えていたキーワードが、一瞬のうちにわかるのです。これって、すごいと思いませんか？

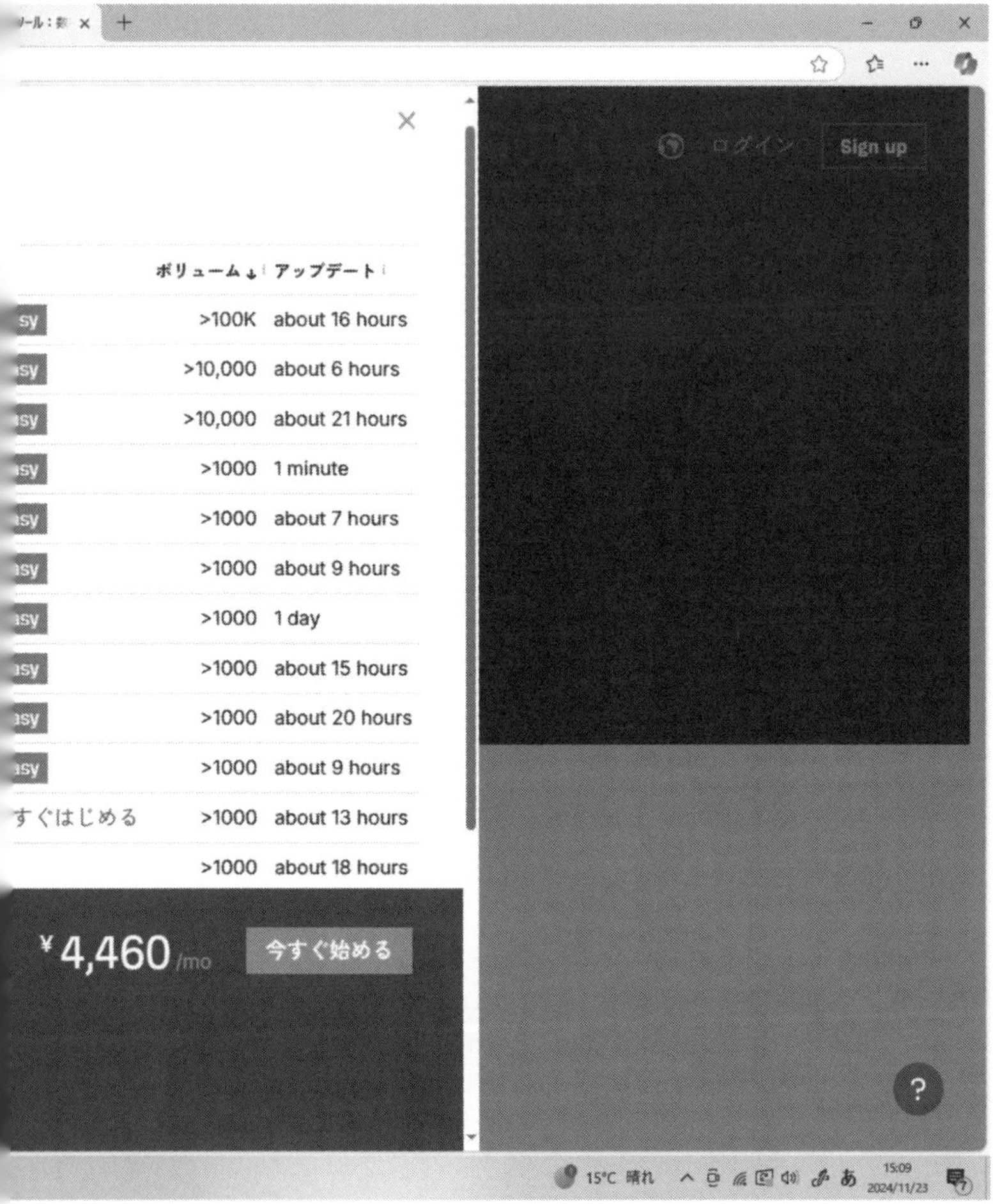

ログイン
Sign up
ボリューム
アップデート
>100K about 16 hours
>10,000 about 6 hours
>10,000 about 21 hours
>1000 1 minute
>1000 about 7 hours
>1000 about 9 hours
>1000 1 day
>1000 about 15 hours
>1000 about 20 hours
>1000 about 9 hours
すぐはじめる
>1000 about 13 hours
>1000 about 18 hours
¥4,460/mo
今すぐ始める
15°C 晴れ
15:09
2024/11/23

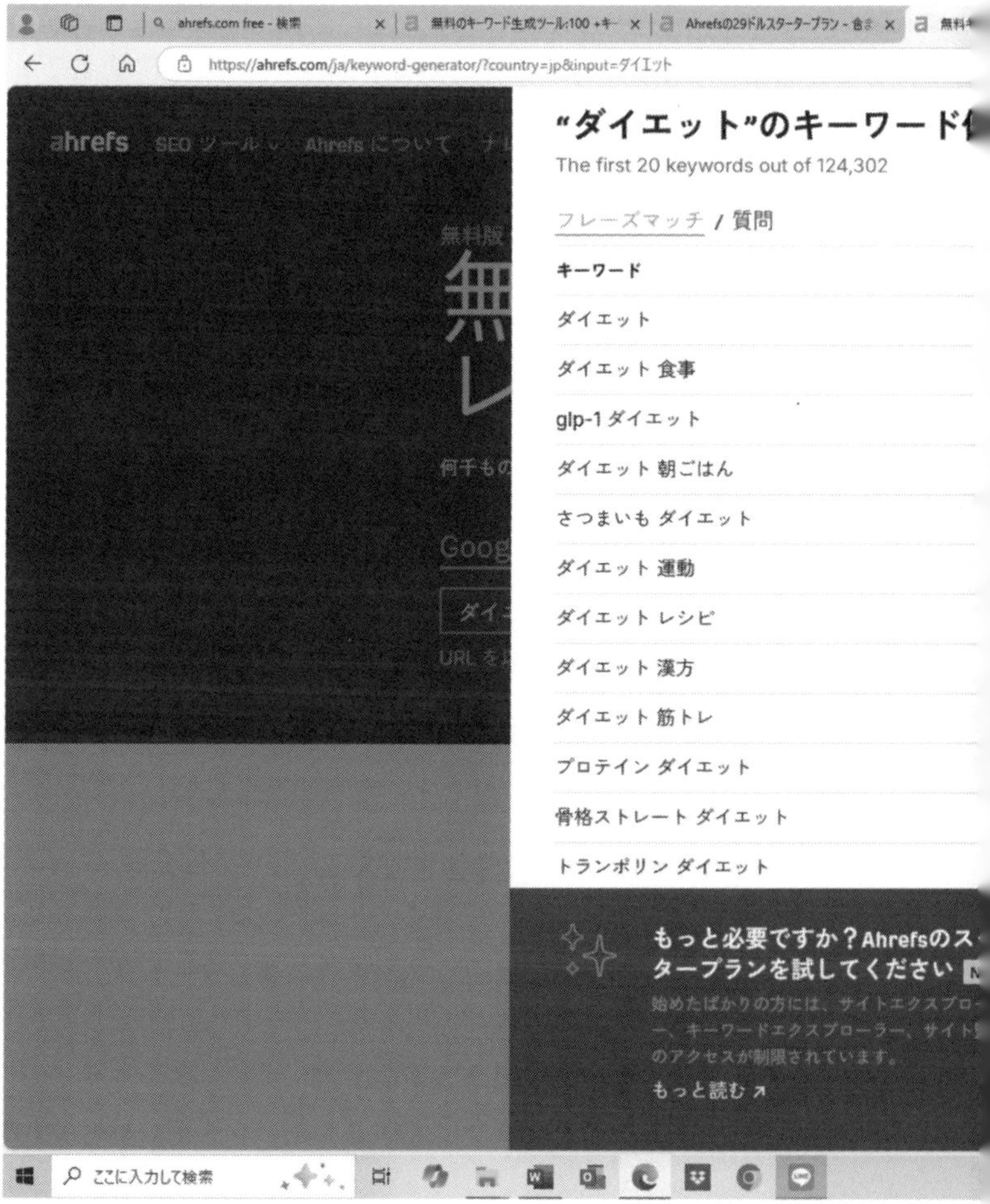
ahrefs.com free - 検索
無料のキーワード生成ツール:100 +キー
Ahrefsの29ドルスターター・プラン - 合
https://ahrefs.com/ja/keyword-generator/?country=jp&input=ダイエット
ahrefs
SEO ツール
Ahrefs について
"ダイエット"のキーワード
The first 20 keywords out of 124,302
フレーズマッチ / 質問
キーワード
ダイエット
ダイエット 食事
glp-1 ダイエット
ダイエット 朝ごはん
さつまいも ダイエット
ダイエット 運動
ダイエット レシピ
ダイエット 漢方
ダイエット 筋トレ
プロテイン ダイエット
骨格ストレート ダイエット
トランポリン ダイエット
もっと必要ですか？Ahrefsのス
タープランを試してください
始めたばかりの方には、サイトエクスプロ
ー、キーワードエクスプローラー、サイト
のアクセスが制限されています。
もっと読む
ここに入力して検索

2 トレンドをチェックして最新の話題を取り入れる

ＡＩを使ってＳＮＳやニュースのトレンドをチェックし、話題の記事を取り入れると、新しい読者の関心を引きやすくなります。流行に敏感なテーマで記事を作ると、新しい読者層を引き込みやすく、アクセスが増えやすくなります。

Google トレンドは、世界中の検索エンジンで人気のトピックをリアルタイムで表示してくれるので、最新のトレンドを簡単に把握できます。

また、Trend Hunter や BuzzSumo はＳＮＳでシェアが多い話題や人気のトピックを特定するのに役立ちます。

例えば、Google トレンドにおおまかなトピック（テーマ）を入力し、対象国や期間を選択して、「検索」をクリックすれば、そのトピックに関連する最新の人気検索ワードやトレンドが表示されます。また、検索結果では、トピックの人気度の変動や、特定の地域での関心度もグラフで確認でき、トピックの季節的な動向や地域ごとの関心の違いを簡単に把握することができます。

旅行ブログで、最新の人気観光地や話題のアクティビティを調べて記事に取り入れる場合を考えます。

Googleトレンドで「旅行」を検索すると、今注目されている観光地や旅行プランがわかります。

例えば、「日本の温泉」「冬のスキー旅行」といったトレンドが見つかれば、これをテーマに記事を書いて、「温泉旅行のおすすめスポット」「家族で楽しめるスキー場ガイド」など、旬の話題で記事を作成できます。

また、過去６か月間で一番注目された地方などがわかれば、「いま話題の〇〇地方」「ここが穴場」といった記事も書けるでしょう。

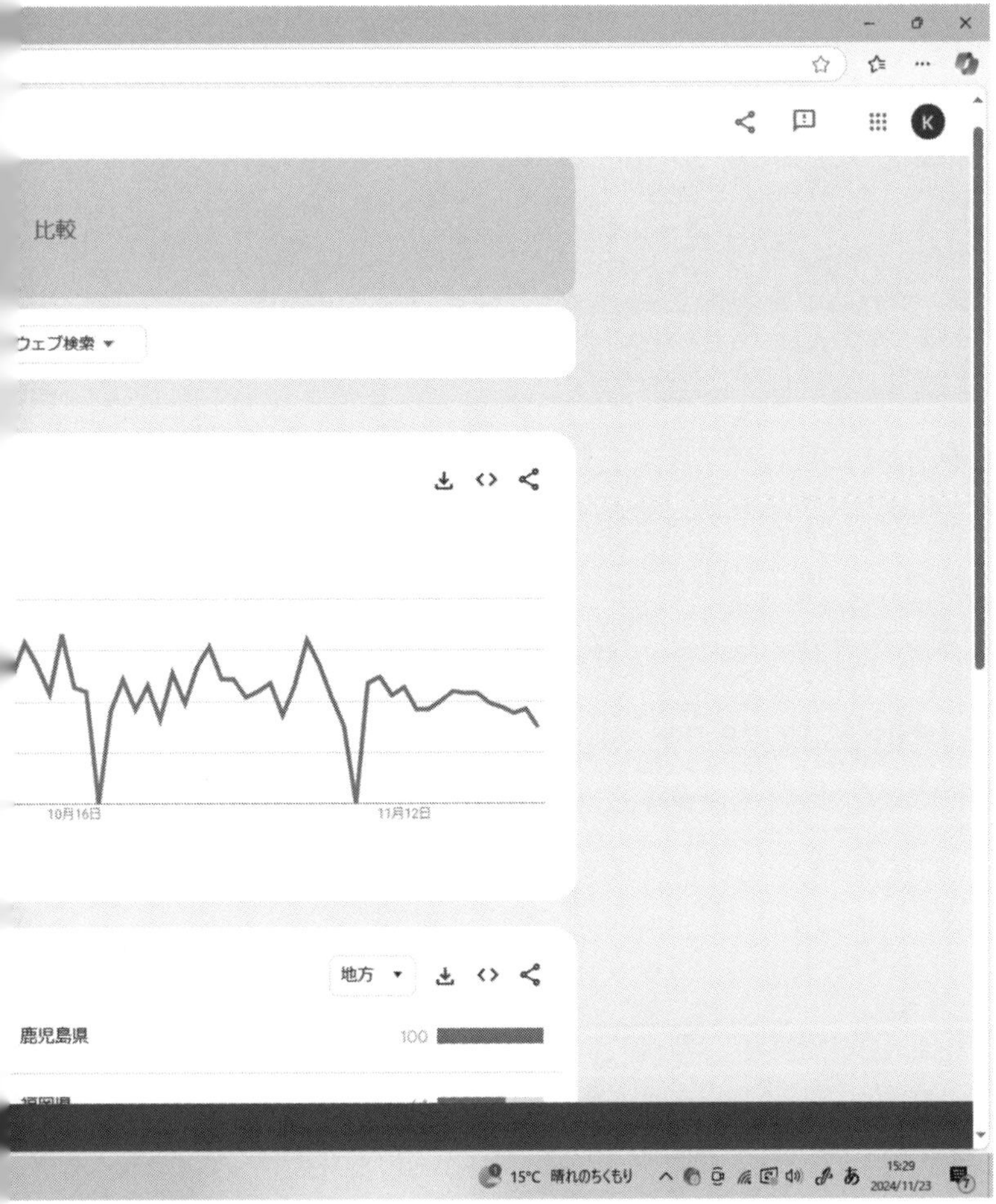
比較
ウェブ検索
10月16日
11月12日
地方
鹿児島県
100
15°C 晴れのちくもり
15:29
2024/11/23

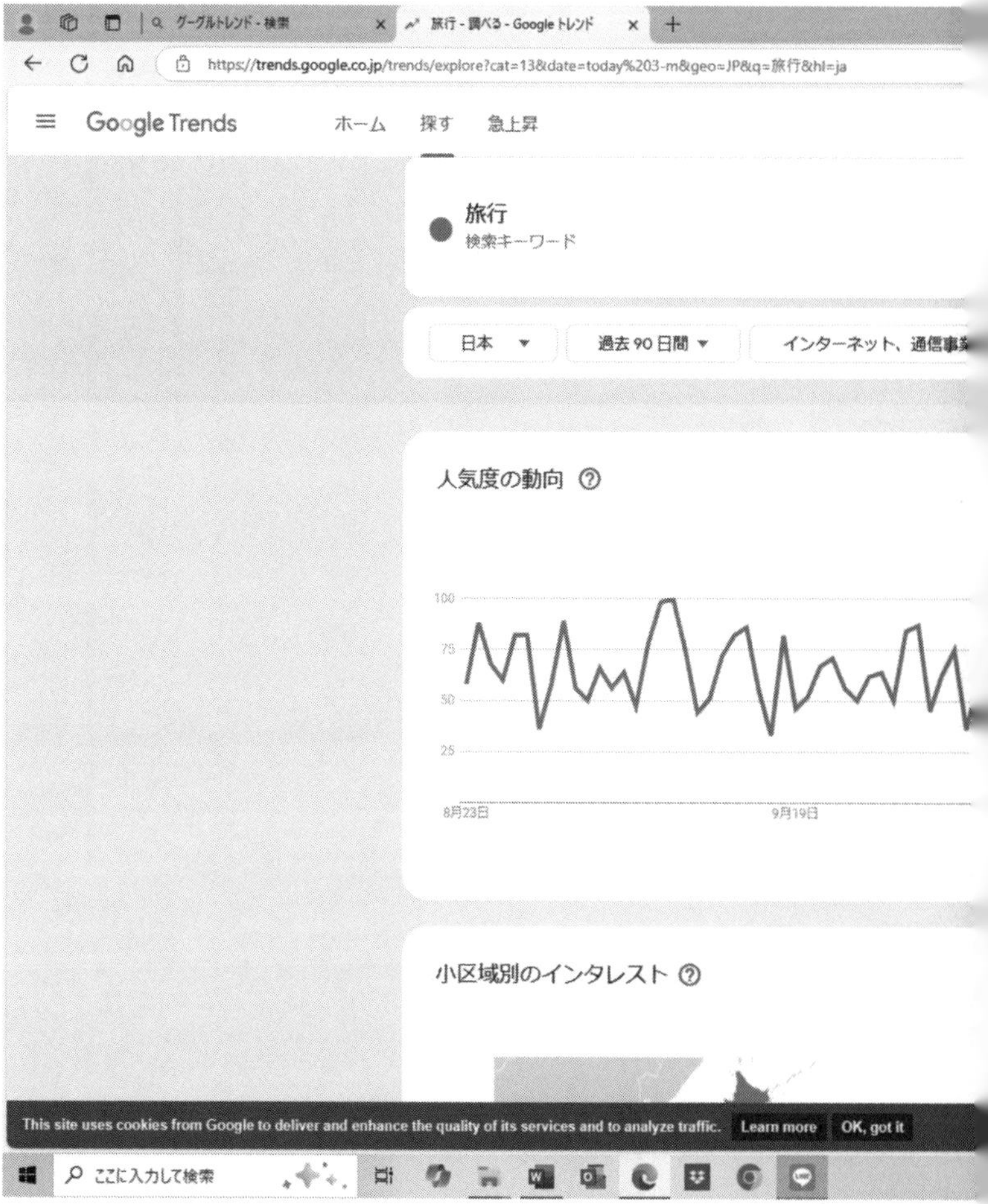
グーグルトレンド - 検索
旅行 - 調べる - Google トレンド
https://trends.google.co.jp/trends/explore?cat=13&date=today%203-m&geo=JP&q=旅行&hl=ja
Google Trends
ホーム
探す
急上昇
旅行
検索キーワード
日本
過去 90 日間
人気度の動向
100
75
50
25
8月23日
9月19日
小区域別のインタレスト
This site uses cookies from Google to deliver and enhance the quality of its services and to analyze traffic.
Learn more
OK, got it
ここに入力して検索

ＡＩでブログやＳＮＳの文章を効率的に作成する

ＡＩ文章生成ツールを使えば、効率よく文章を作成でき、質の高いコンテンツを提供できます。ここでは、ＡＩを活用して記事の構成や本文の執筆を効率化する方法を紹介します。

１―ＡＩでアウトライン（構成）を考える

ブログ記事やＳＮＳ投稿の文章構成を考えるのは、時間がかかる作業です。しかし、ＡＩを使うことで効率的にアウトラインを作成でき、記事の流れをスムーズに決められます。特にＳＥＯを意識した構成もＡＩが提案してくれることで、短時間で読者の関心を引く記事を書きやすくなります。ChatGPT に代表されるＡＩ文章生成ツールは、テーマやキーワードを入力するだけで、タイトル候補やセクション構成を提案してくれるため、記事作成がスムーズに進みます。

「簡単な朝ごはんレシピ」をテーマにした記事を作成する場合、ChatGPT に「簡単な朝ごはんレシピのアウトラインを教えてください」と入力すると、「①朝ごはんの重要性」「②簡単に作れるレシピ３選」「③朝の準備を効率化するコツ」などの提案が得られます。アウトラインが決まれば、各セクションの内容を書き進めるだけで済むので、短時間で記事が完成します。

さらに、記事執筆に関しても、ChatGPT に「このアウトラインで記事を書いてください」と入力すると、自分で書かなくても、ChatGPT が記事を全部書いてくれます。

書かれた記事が不満なら「別のバージョンも書いてください」、わかりにくければ「この記事を初心者にもわかりやすく書いてください」、具体例をもっと入れたければ「もっと具体例を入れて書いてください」、もっと専門的にしたければ、「私は有名な料理研究家です。もっと専門家ならではの意見も加えて書いてください」など、追加で指示出しすると、希望通りの文章が生成されます。

じつは、AI文章生成ツールに限らず、画像生成AI、動画生成AI、音声生成AIなど、生成AIにおいて、この指示出しがすべてです。

この指示出しのことを「プロンプト」(prompt)と言います。プロンプトは「〜するように指示する」という意味で、そこからきています。

指示出しがうまければうまいほど、優れたアウトプットを引き出すことができます。

本書の冒頭で「この本を45分で書いた」と言いましたが、それが可能となった秘密を明かすと、僕のプロンプトがものすごくうまいからです。僕のプロンプトはAI専門家の方々からベタ褒めされるほどなのですが、それは本を58冊執筆してきた作家ならではの経験と、大学教員や講演家として20年以上にわたって「教える」仕事をしてきた経験によって培われたものなのです。

このプロンプトの出し方に関して書こうとすると、それだけで1冊の本になります。本書はAIを活用してお金を稼ぐ方法の全体像を示すのが目的ですので、ここではこれ以上プロンプトに関して詳述する余裕がありませんが、「プロンプトを制する者は、生成AIを制する」ということは間違いありません。

ブログやSNSに自然に、違和感なくアフィリエイトを組み込んで収入を増やす

ブログやSNSでアフィリエイトをやってみるものの、なかなかうまくいかないという方は多いのではないでしょうか。ブログやSNSでアフィリエイトの成果を上げるためには、「自然に」「違和感なく」という点が最大のポイントになります。

あなたのブログやSNSを見にくる人たちは「物を買うため」にブログやSNSをやっているのではありません。楽しむためであったり、役に立つ有益な情報を求めてブログを読んだり、SNSに参加したりしているのです。

そのため、ブログやSNSにアフィリエイトリンクをただ貼り付けるだけでは、読者やフォロワーに「押し付けられている」という印象を与えてしまったり、「この人

は読者に商品を売って儲けるためにＳＮＳをやっている」と思われてしまいます。そう思われたが最後、その読者はあなたのブログやＳＮＳを二度と訪れてくれなくなるでしょう。

大切なのは、読者が求めている「有益な情報」とアフィリエイトをうまく組み合わせて、自然な形で違和感なく紹介することです。そこで、次のような工夫が効果的です。

1　自然な形で商品を紹介する

❶体験を交えた商品紹介

単に商品リンクを貼るのではなく、自分の体験や感想を交えて紹介することで、読者との間に信頼感が生まれます。例えば、ダイエットに関するブログで「私もこのプロテインを試して、体調がよくなりました」といった実際の経験を伝えると、ただの宣伝よりも説得力が増します。

❷具体的な活用シーンを提案する

アフィリエイト商品を使うことで「どのようなメリットがあるのか」「どんな場面で役に立つのか」を具体的に伝えると、読者がその商品をイメージしやすくなります。例えば、「旅行バッグ」を紹介する場合、「長時間のフライトでも肩が疲れにくい」「機内持ち込みに最適なサイズ」など、使いどころを説明すると、実際に購入する際の参考になります。

❸おすすめのアイテムをまとめて紹介する

１つの商品だけを強調するのではなく、テーマに沿った複数のアイテムをまとめて紹介するのも効果的です。例えば、「夏に役立つアウトドアグッズ10選」として商品をリストアップし、１つ１つにアフィリエイトリンクを自然に配置します。読者は選択肢が増えることで、興味を持ったアイテムのリンクをクリックしやすくなります。

しかし、効果的な体験談や具体的な活用シーンが思いつかないとか、他にオススメすべき同種のアイテムがわからないので、それを調べているとものすごく時間がかかるということがありますよね。ここでまたChatGPTの出番です。

「この商品の効果的な体験談を3つ書いてください」とプロンプトを書けば、即座に体験談が3つ出てきます。「この商品の活用シーンを具体的に3つ教えてください」とプロンプトを書けば、やはり即座に教えてくれます。「この商品と一緒にアフィリエイトするのにピッタリな商品を10個教えてください」と書けば、どんな商品を一緒にアフィリエイト商品として並べればいいか、一目瞭然です。

こうして、ChatGPTを駆使することで、自然な形で違和感なく紹介する記事をいとも簡単に書けるのです。

2 — 有益な情報を毎日投稿する

これはアフィリエイトリンクを含む記事を1つ書く際のChatGPTの使い方ですが、この記事からアフィリエイトを成功させて報酬を得るためには、この記事を挙げるよりも前段階にあたる、日々の投稿が非常に重要です。

とにかく「有益な情報」を毎日投稿し、読者の方々に「この人のＳＮＳは私にとって役に立つ」と思ってもらい、読者との信頼関係を構築しておくことが大事です。

この「信頼関係」こそが、アフィリエイトがうまくいくかどうかの決定的なポイントです。

例えば、自他ともに認める日本一のアフィリエイターの僕よりも、あなたのほうがアフィリエイトがうまくいくケースがあります。それは、あなたの家族や親友に商品を伝える場合です。僕のことをまったく知らないあなたのご家族に、僕がサプリメントとか化粧品をいきなり売ろうとしたって、売れるはずがありません。僕とあなたのご家族との間に「信頼関係」がないからです。でも、あなたがご家族や親友に「このサプリメントを飲んでると、すごく体調がいいんだよ！」「この化粧水を使ったら肌がツルツルになった！」と話すと、相手は無視することはないでしょう。きっと話を聞いてくれるはずですし、「それなら私も使ってみよう」という方も出てくるでしょう。

それはあなたとその方との間に強い「信頼関係」があるからです。

そこで、ブログやＳＮＳでアフィリエイトをする際に、読者と「信頼関係」をいかに構築しておくかが重要になります。

信頼関係を構築するためにやるべきことは、ブログやSNSでは何かの「先生」の立ち位置をとって、できるだけ毎日、毎日が無理な場合でもできるだけ頻繁に、「有益な情報」を発信し続けることが大事です。そうすることで読者はあなたのことを「自然食の先生」「ダイエットの先生」「旅行の先生」「英語の先生」「投資の先生」などと思ってくれるようになります。

「先生」になれば信頼関係を得やすいですね。自分の大好きな英語の先生が推薦する英語の参考書は自然と買いたいと思うはずです。いつも英語に関して有益な情報を提供してくれるから信頼している「英語の先生」が、たまに「有益な英語の教材」を教えてくれる。しかも体験談や具体的な活用例とともに。すると、読者は自然とその教材を使ってみたい気持ちになるのです。

さらに「信頼関係」を深めるために有効なのは、接触頻度とコミュニケーション。やはり月に1回接する先生よりは週に1回接する先生、週に1回接する先生よりは毎日接する先生のほうが「信頼」が生まれやすいのです。これが接触頻度。だからこそ、ブログやSNSはできるだけ毎日投稿したほうがいいのです。

また、ただあなたの記事を読んでもらうだけではなく、相手が記事を書いている人であれば、その方の記事にも「いいね」をしたり、コメントしたりしたいですね。相手が自分の記事にコメントしてくれれば、きちんとそれに返信しましょう。さらにダイレクトメッセージのやり取りをするとさらに距離は縮まります。こうしてコミュニケーションをとればとるほど、「信頼関係」は深くなっていきます。

信頼関係ができていない人に対して、いきなり物を売ろうとするから、アフィリエイトがうまくいかないのです。日常生活の中で、出会ってすぐの人にいきなり何か売ろうとしないですよね。

まずはお互いのことを知り、相手を思いやり、その人のためになることを行い、頻繁に会ってコミュニケーションをとって信頼関係ができたところで、「そういえば、こないだ使ってみた化粧品がすごくよかったの」と自然に話しますよね。要は、リアルな日常生活で行っていることと同じことをインターネットの世界でもやればいいだけなのです。それを、インターネットになった途端に、見知らぬ人に突然物を売ろうとする。だから、アフィリエイトがうまくいかないのです。

アフィリエイトのノウハウについて解説したところで、本題に戻りますと、あなたは読者にとって有益な記事をできるだけ毎日投稿していく必要があります。でも、毎日ネタを考えるのは大変ですよね。ここでまたChatGPTの登場です。

もしあなたが自然食レシピの先生の立ち位置をとるのであれば、「私は自然食レシピを毎日投稿しているブロガーです。1か月分の記事のネタを考えてください」とプロンプトを書けば、数秒で1か月分のネタを考えてくれます。

ターゲットを明確にしたければ、「私は20代の新米ママ向けに自然食レシピを毎日投稿しているブロガーです。1か月分の記事のネタを考えてください」とプロンプトに書けば、赤ちゃんや幼児にも配慮したメニュー案が1か月分即座に出来上がります。あとは「1日目の記事を書いてください」「2日目の記事を書いてください」とプロンプトに書いていけば、どんどん記事が出来上がっていくのです。

記事に専門的なデータを加えたい時はどうすればいいかもうおわかりですね。「この記事に専門的なデータを入れてもっと詳しく書いてください」とプロンプトに書けばいいだけです。

ＡＩでブログやＳＮＳに画像や動画を効果的に組み込む

もちろん文章だけでなく、画像や動画をブログ記事やＳＮＳ投稿に加えると、読者の関心を引きやすくなります。特に視覚的な要素があると、情報が頭に残りやすく、内容に説得力も生まれます。ＡＩ画像生成ツールや動画生成ツールを使えば、簡単に魅力的なコンテンツを作成できるので、デザインの知識がなくても安心です。

ここでは、「自然食レシピを毎日投稿しているブロガー」だとして、具体例を交えながら、ＡＩ画像生成ツールやＡＩ動画生成ツールの活用方法を詳しく紹介します。

1―AI画像生成ツールでレシピに合ったオリジナル画像を作成

例えば、「秋の旬の食材を使ったヘルシースープ」のレシピを紹介する場合を考えてみましょう。文章だけで紹介するよりも、「温かみのあるスープの写真」や「季節の野菜が並ぶキッチン」の画像を記事に含めることで、読者がレシピをよりイメージしやすくなります。

AI画像生成ツールに「カボチャスープ」「秋の野菜」などのキーワードを入力すると、季節感のある魅力的な画像がすぐに生成され、記事に添えるだけでレシピの魅力が倍増します。また、AIツールで生成した画像はオリジナルなので、他のブログやSNSでは見かけない独自のビジュアルを提供でき、他のコンテンツとの差別化も図れます。

2―AI動画生成ツールで調理プロセスの動画を紹介

料理の手順やポイントを伝えるには、動画生成ツールで短い手順動画を作成するのも効果的です。例えば、「おいしい野菜スープの作り方」を紹介する場合、「野菜を切るシーン」や「スープを煮込むシーン」といった動画を取り入れることで、読者が実際の調理工程をイメージしやすくなります。

動画生成ＡＩに「野菜の下ごしらえ」「スープの煮込み」などのキーワードを入力するだけで、映像を数秒で生成してくれるので、視覚的なインパクトがあり、投稿内容も一層魅力的に見えます。また、動画に「ポイント」「コツ」といった字幕を加えると、読者がすぐに役立つ情報を得られるため、記事の信頼感も高まります。

３　ＳＮＳのストーリーズ機能で視覚コンテンツを活用

Instagram や Facebook のストーリーズ機能を使えば、24時間だけ表示される画像や動画をシェアできて、フォロワーに向けて気軽に視覚コンテンツを投稿できます。

例えば、自然食のアフィリエイト商品を紹介している場合、ＡＩで生成した「健康食材」「オーガニックフード」といった画像をストーリーズに投稿し、「この食材で作る簡単レシピ！」とコメントを加えることで、興味を引きやすくなります。また、リンク付きのストーリーズを利用すれば、直接アフィリエイトリンクに誘導することも可能です。AＩ生成の画像や動画を活用することで、短期間で多くのコンテンツを提供し、フォロワーとのエンゲージメント（「いいね」「リツイート」「シェア」「コメント」といった投稿に対する反応のこと）を高められます。

4 サムネイル画像を工夫してブログや動画のクリック率をアップ

ブログやYouTube動画のサムネイルも、読者が「見たい」と思うかどうかに大きく影響します。

例えば「簡単にできる自然食レシピ」を紹介するブログ記事のサムネイルとして、AＩ画像生成ツールで「彩り豊かな野菜」「健康的な料理の食卓」などの画像を作成し、これに「5分で作れるヘルシーレシピ」といったキャッチコピーを重ねれば、クリックしたくなるような魅力的なサムネイルが簡単に作れます。目を引くビジュアルがあると、ブログや動画の閲覧数や再生回数が増えやすくなります。

5─チュートリアル動画やインフォグラフィック（図表やイラスト）でレシピのポイントを視覚的に提供

視覚的な情報は、料理の手順やポイントをわかりやすく伝えるのに効果的です。例えば、調理の手順や使う食材の栄養素を説明する際、ＡＩ動画生成ツールで「作り方のチュートリアル動画」を作成し、各工程に合わせた説明を加えると、読者が理解しやすくなります。さらに、ＡＩ画像生成ツールでインフォグラフィック（図表やイラスト）を作り、「食材の栄養価」「調理時間とカロリー」などの情報をまとめると、視覚的に情報が整理され、記事を読んだ人が一目で要点を把握できます。

6─ＡＩで複数のＳＮＳに記事を効果的に自動投稿する

さらに、完成した記事を投稿する時もＡＩを活用すれば、作成した記事をＳＮＳで効率よく広めることが可能です。ブログやＳＮＳ運用をしている方にとっては、記事をただ投稿するだけではなく、いかに多くの人にリーチし、継続的に読者やフォロワーにアクセスしてもらうかが重要です。

そこで役立つのが、AIによる自動投稿ツールです。例えば、Buffer や Hootsuite といったツールを使えば、複数のSNSに効果的に投稿でき、投稿時間やハッシュタグなども自動で最適化されるので、SNSでの露出が格段に増やせます。

AI自動投稿ツールの基本的な仕組みは、記事を複数のSNSに一度に投稿するように設定できる点です。例えば、ブログ記事を作成した際、通常なら Facebook, Instagram, X（旧 Twitter）などにそれぞれログインし、手動でシェアする必要があります。しかし、AI自動投稿ツールを使えば、一度の設定で複数のSNSに同時に投稿されるので、手間がかかりません。また、複数のアカウントを管理できるため、SNS運用の効率化にもつながります。SNSアカウントを複数持っている場合でも、ツール上でアカウントを切り替えるだけで、自動的に投稿が行えるのもメリットです。

また、AI自動投稿ツールの便利な機能のひとつに、「最適な投稿時間」の提案があります。これは、ＡＩがフォロワーの行動データを分析し、いつ投稿すれば多くの人に見てもらえるかを算出する機能です。

例えば、昼間にフォロワーのアクティブ率が高いならその時間帯に、また、午前中に投稿が多くの人にリーチしやすい傾向があるなら、その時間帯に自動で投稿をスケジューリングしてくれます。通常は試行錯誤を重ねて把握する必要のある最適な投稿時間も、ＡＩのデータ分析に基づいて自動的に設定されるので、初心者でも効果的な投稿が行えるようになります。

もちろん、自動的にＡＩに任せるだけでなく、自分で投稿時間を指定することもできます。新商品や重要なお知らせなど、特定のタイミングで投稿したい場合もあるでしょう。ＡＩ自動投稿ツールでは、曜日や時間を細かく指定して投稿することが可能なので、計画的なプロモーションにも対応できます。これにより、ＳＮＳキャンペーンやセール情報の告知など、特定のタイミングに合わせた戦略的な運用も可能になります。

さらに、ＡＩ自動投稿ツールは、投稿内容に合ったハッシュタグを提案する機能も備えています。ハッシュタグは投稿が検索されやすくなるために重要な要素ですが、効果的なハッシュタグを選ぶのは意外に難しいものです。ＡＩは投稿の内容やキーワードを解析し、最適なハッシュタグを自動で提案してくれるので、初心者でも手軽に投稿の露出を高めることができます。
例えば、料理に関するブログを投稿する場合、「＃ヘルシーレシピ」「＃簡単料理」など、関連性の高い人気ハッシュタグを提案してくれるため、投稿が検索されやすくなり、フォロワー以外の人にも届きやすくなります。

ＡＩ自動投稿ツールは、単に投稿を自動化するだけでなく、フォロワーとのエンゲージメントを向上させる効果も期待できます。例えば、Buffer や Hootsuite は、過去の投稿のパフォーマンスを自動で分析し、どの投稿がフォロワーに多くの反応を得られたかを確認できる機能を備えています。これにより、フォロワーの関心が高いコンテンツや反応がよかった投稿の傾向を把握できるので、次回以降の投稿に活かすことができます。ＡＩによる分析でフォロワーの関心をより正確に把握し、それに合わせた投稿を継続的に行うことで、リーチだけでなく、フォロワーとの関係性も強化されます。

自然食レシピブログを運営している場合を考えてみましょう。ＡＩ自動投稿ツールを利用すれば、新しいレシピ記事を公開した際に、Facebook, Instagram, X（旧Twitter）に自動で投稿できるように設定しておくことができます。さらに、ＡＩが提案する「♯自然食」「♯ヘルシーライフ」「♯今日のレシピ」といったハッシュタグを使うことで、健康志向のフォロワーにリーチしやすくなり、記事がより多くの読者に届きます。

また、週末や夕方など、ターゲット層のアクティブ時間に合わせた投稿スケジュールが自動設定されるので、フォロワーがもっとも見やすい時間帯にシェアされ、クリック率も上がりやすくなります。

ＡＩ自動投稿ツールを活用すると、ブログや記事の更新情報が効率よく拡散され、新しい読者の獲得やリピート訪問を促進できます。多くの人に見てもらうことで、新しいフォロワーやリピーターを増やし、コンテンツの影響力を拡大することが可能です。特に、フォロワーがＳＮＳで記事に「いいね」やシェアをしてくれると、そのフォロワーのネットワークにも記事が広がり、さらなるリーチが期待できます。
ＡＩ自動投稿ツールによって投稿が継続的に拡散されることで、安定したアクセス数やエンゲージメントを高めやすくなります。

このように、ＡＩ自動投稿ツールを活用することで、ブログやＳＮＳの運用が非常に効率的かつ効果的になります。特に、複数のＳＮＳアカウントを一括管理し、自動で投稿できる点や、最適な投稿時間やハッシュタグを提案してくれる点は、手間を減らしながら成果を上げるために大きなメリットです。ぜひ、ＡＩを活用した自動投稿ツールを取り入れ、ＳＮＳの運用を効率化してみてください。

summary

ＡＩを活用することで、ブログやＳＮＳでの収益化がより効率的に進みます。ＡＩを使ってアイデア出しや執筆、アフィリエイトの組み込み、読者の関心を引くビジュアル作成、集客のための自動シェアまで、すべてのプロセスがスムーズに行えるようになります。

この章で紹介したステップを踏むことで、ブログやＳＮＳでの収益化が自然に進みます。ターゲットを明確にし、読者が求める価値あるコンテンツを提供することで、継続的な収入を得るための基盤が整います。

次の章では、ＡＩを活用してデータを分析し、売上を上げたりＳＮＳのフォロワーを増やしたりする方法について詳しく解説します。ＡＩを使ったデータ分析とマーケティングの具体的なテクニックを学び、さらに収益を増やすためのステップを見ていきましょう。

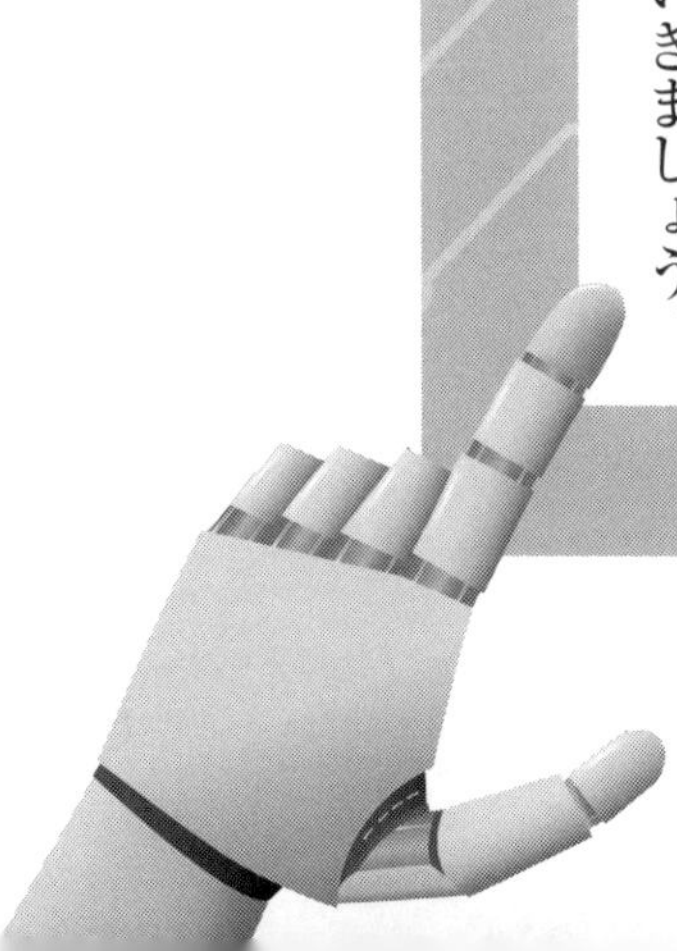

GENERATIVE
ARTIFICIAL
INTELLIGENCE

第 4 章

お小遣い稼ぎに！データや数字を使って売上アップ

データ分析を活用すると、ブログやＳＮＳの運営状況を把握し、売上アップのための改善ポイントを見つけることができます。ＡＩを使って膨大なデータを効率的に分析し、どのコンテンツが効果的か、改善すべき点はどこかを把握することで、収益を伸ばすための具体的な対策が見えてきます。

この章では、データ分析を活用した収益向上の実践的な方法を具体例を交えて、「ＡＩを活用したデータ分析とマーケティングで収益を上げる方法」に焦点を置いて説明していきます。

AIで売れそうなアイテムや人気トレンドを見つける

SNSやブログで収益を上げるには、今人気のある商品やトレンドを素早く取り入れることが重要です。どれだけブログやSNSにアクセスを集め、エンゲージメントを上げ、自然に違和感なくアフィリエイトを行ったとしても、そもそも商品自体が市場から求められていないものだとしたら売れるはずがないのです。

AIを活用すれば、売れ筋商品や話題のテーマを効率的にキャッチできるので、アクセス増加と収益向上を両立できます。

前章でも言及したGoogleトレンド、Trend Hunter、BuzzSumoのようなAIを使ったリサーチツールやトレンド分析ツールを活用し、現在注目されている商品やテーマを見つけ、トレンドに乗ったコンテンツを発信することで、より多くのアクセスを集め、アフィリエイトリンクや広告収益を効果的に伸ばすことができます。

例えば、ファッションブログで「秋冬ファッション」をテーマに記事を書こうとしている場合、Googleトレンドで「秋冬ファッション」や「トレンドファッションアイテム」を検索します。「ブーツ」や「チェック柄のコート」が今年のトレンドとして注目されていることがわかれば、これをテーマにした記事を作成し、人気商品のアフィリエイトリンクを掲載することで、収益を上げやすくなるのです

簡単なデータ分析で売上アップを目指す

データ分析は、ブログやSNSの運営状況を把握し、収益向上のための改善点を見つけるのに役立ちます。ここではアクセス解析やエンゲージメント分析を活用して、売上やクリック率をアップさせるための具体的なステップを紹介します。

1 ｜アクセス解析で読者の傾向を把握する

Google Analytics や Matomo のようなＡＩアクセス解析ツールを使って、どの記事が多く読まれているか、滞在時間が長いコンテンツはどれかを分析します。読者が興味を持ちやすいテーマを把握することで、リピート読者を増やし、収益向上につなげることができます。

Google Analytics は、ページごとのアクセス数や訪問者の行動を追跡できる無料のアクセス解析ツールです。

Matomo はプライバシーを重視した解析ツールで、データを自分のサーバーで管理したい場合に適しています。

ＤＩＹに関するブログを運営している場合、Google Analytics で「どのＤＩＹプロジェクトがもっとも人気か」を調べます。もし「初心者向け木工プロジェクト」がアクセス数と滞在時間の両方が多いことがわかれば、このテーマをさらに深掘りし、関連した新しい記事を増やしていくことで、アクセスとアフィリエイト収益の向上が見込めます。

2—エンゲージメントを測定し、読者の反応を確認する

また、見える化エンジンやTofu AnalyticsのようなＡＩ分析ツールを用いてエンゲージメント分析を行い、どの投稿が読者に好評だったか、どのＳＮＳ投稿がもっともシェアされているかを確認します。エンゲージメントが高いコンテンツを増やすことで、読者の関心を維持し、リピート訪問と収益向上を目指せます。

例えば、料理ブログを運営している場合、ＳＮＳでのエンゲージメント分析を行い、読者に人気のあるレシピを特定します。

「簡単に作れるランチレシピ」がＳＮＳでのエンゲージメントが高いとわかれば、同様の「簡単」「ヘルシー」といったキーワードを取り入れたレシピを増やし、読者のニーズに合ったコンテンツを提供することで、アフィリエイトや広告収益の増加が期待できます。

SNSやブログのアクセスを増やすための具体的な方法

アクセスが増えれば、アフィリエイトリンクのクリック数や購入率が上がり、収益向上につながります。AIを活用して、SNSやブログのアクセス数を効率的に増やすためのテクニックを紹介します。

1　投稿のタイミングと頻度を最適化する

SNSやブログの投稿時間や頻度をAIで分析し、最適なタイミングでコンテンツを公開することで、多くのユーザーに見てもらいやすくなります。

例えばインスタグラムでフォロワーが多い夕方や週末に投稿することで、エンゲージメントが高まりやすいことがわかっている場合、Buffer や Hootsuite といったAI自動投稿ツールで「フォロワーが最もアクティブな時間帯」を調べます。

ファッション関連のアカウントであれば、平日の夕方や土曜日の午前中に投稿するのが効果的かもしれません。AIが最適な投稿タイミングを提案してくれるので、SNSからのアクセスが増加し、アフィリエイトリンクのクリック率も向上します。

2 ターゲット層に合わせたコンテンツを提案する

Ahrefs や ClickUp AI, Semrush のようなSEO向けの代表的なAIキーワードリサーチツールを使って、ターゲット層の興味を分析し、アクセスを増やすためにそのニーズに合った内容のコンテンツを作成します。

ターゲット層のニーズをしっかり理解することで、よりアクセスが集まり、リピート訪問者も増えるでしょう。

例えば、スポーツブログで「ランニング初心者」をターゲットにしている場合、A

ーキーワードリサーチツールを使って「初心者が興味を持つランニングに関するトピック」を調べます。「初心者向けランニングシューズの選び方」や「最初に揃えるべきランニンググッズ」が検索されていることがわかれば、記事やSNS投稿に反映させます。

さらに、ランニングシューズやグッズのアフィリエイトリンクを記事内や投稿に自然に配置することで、ターゲット層のニーズに応えると同時に、収益化につながるコンテンツを作成できます。

3―自動投稿ツールで複数のSNSを効率よく管理する

複数のSNSを運用している場合、AIを活用した自動投稿ツールを使って、すべてのアカウントを一元管理することで、作業効率を上げつつアクセスを増やすことができます。

SNSの投稿は時間をかけずに定期的に行うのが理想ですが、AI自動投稿ツールを使えば、自動でスケジュールを組み、最適なタイミングで投稿が行われるため、効率的にフォロワーや閲覧数を増やせます。

Bufferや Hootsuiteなどの AI自動投稿ツールを使って、ブログ更新の通知や商品レビューの投稿を「Facebookや X（旧 Twitter）にも同時に配信するように設定します。

例えば、新しいブログ記事を更新したときに「新しい記事がアップされました！詳細はこちら」という内容でリンク付き投稿を行うことで、複数のプラットフォームのフォロワーに一度に情報を届けられます。

また、ターゲット層がよく活動する時間帯に合わせて投稿が行われるようスケジューリングすれば、フォロワーとのエンゲージメントが増し、アクセス数の向上が見込めます。

ＡＩを活用したデータ分析とマーケティングで収益を上げる流れ

ここで、ＡＩを活用したデータ分析とマーケティングによって収益を上げるための実際のステップを具体的に紹介します。実践的な流れを学びながら、自分のブログやＳＮＳ運用に取り入れられるようにしましょう。

ステップ１：アクセス解析ツールで訪問者の行動を把握する

まず、Google Analytics などのアクセス解析ツールを使って、どのページが多く閲覧されているか、どこで離脱が発生しているかを確認します。読者が興味を持っているコンテンツを強化し、逆に改善が必要な部分には対策を施すことで、リピーターを増やしやすくなります。

例えば、ファッションブログで、コーディネートの提案記事が特に人気があることがアクセス解析ツールで判明した場合、関連するテーマのコンテンツをさらに追加するのが効果的です。逆に、離脱率が高い記事については、読みやすい構成や視覚的な工夫を取り入れて改善を図ることで、滞在時間を増やし、アフィリエイトリンクをクリックしてもらう確率を高めることができます。

ステップ2：人気コンテンツに関連するアフィリエイトリンクを設置する

アクセスが多いページや読者の滞在時間が長いコンテンツには、関連するアフィリエイトリンクを設置することで、収益化を図ります。多くの人が読むページに収益機会を配置することで、自然にアフィリエイト収入が増える効果が期待できます。

DIYブログで、初心者向け木工プロジェクトのページが特に人気である場合、その記事に「初心者におすすめの工具セット」や「使いやすい木材カットサービス」などのアフィリエイトリンクを設置します。ＤＩＹに興味を持つ読者が関連商品に対しても興味を持ちやすいため、売上が上がりやすくなります。

ステップ３：ＡＩツールでターゲット層の関心テーマを分析

ＡＩキーワードリサーチツールを使って、ターゲット層がどのようなテーマに興味を持っているかを調べ、ブログやＳＮＳでの発信内容に反映させます。季節やトレンドに応じて、タイムリーなテーマを提供することで、アクセスが増え、収益も向上します。

旅行ブログで「冬の旅行」をテーマに設定する場合、ＡＩツールで「冬のおすすめ旅行先」や「冬ならではのアクティビティ」などのテーマをリサーチします。もし「温泉旅行」や「スキー場のガイド」が検索されていることがわかれば、そのテーマに基づいて記事を作成し、温泉宿やスキー場の予約サイトのアフィリエイトリンクを設置することで、収益を増やしやすくなります。

ステップ4：SNSでのエンゲージメントをチェックし、最適化する

SNSでの投稿がどの程度エンゲージメントを集めているかをAIで分析し、最適な投稿時間やコンテンツ内容を最適化します。エンゲージメントが高い投稿内容を増やすことで、フォロワーや閲覧数を増やし、収益を増加させることができます。

Instagramでフィットネスアカウントを運用している場合、AI分析ツールを使って「ホームワークアウト」関連の投稿が特に人気があると判明したら、このテーマを中心に動画や画像の投稿を増やします。

また、AIに最適な投稿時間を提案してもらうことで、より多くのフォロワーにリーチしやすくなり、アフィリエイトリンクのクリック数や商品購入の増加も期待できます。

ステップ5：定期的にデータを確認し、改善点を見つける

定期的にデータ分析を行い、どのコンテンツが効果的で、どこに改善が必要かを把

握します。成功した戦略は継続し、改善が必要な箇所には新しい工夫を加えて、ブログやSNSのパフォーマンスを向上させていきます。

ガジェットブログで「スマートホームデバイスのレビュー記事」が高いアクセス数を維持している場合、そのテーマで新しい記事や動画を追加して、収益の安定化を図ります。逆に、アクセスが少ない記事については、AIツールを使ってキーワードを再検討したり、視覚的な要素を追加したりして改善します。定期的なデータ確認を行うことで、安定した収益と成長が見込めます。

summary

ＡＩを活用することで、データや数字に基づいて効率的にブログやＳＮＳのパフォーマンスを向上させ、収益アップにつなげることができます。人気商品やトレンドをリサーチし、読者に関心を持ってもらえるコンテンツを提供することで、アクセス数やクリック数を増やすことができます。

さらに、ＡＩでターゲット層の興味を把握し、エンゲージメントの高い投稿を増やすことで、ＳＮＳのフォロワーやアクセス数も着実に伸ばすことが可能です。

この章で紹介したステップを実践すれば、データ分析に基づく収益化が可能になります。

次の章では、ＡＩを活用した投資や資産運用について詳しく解説します。ＡＩを使ってリスクを抑えつつ投資を始める方法や、資産を増やすための具体的なテクニックを学び、長期的な収益の基盤を築くための一歩を踏み出しましょう。

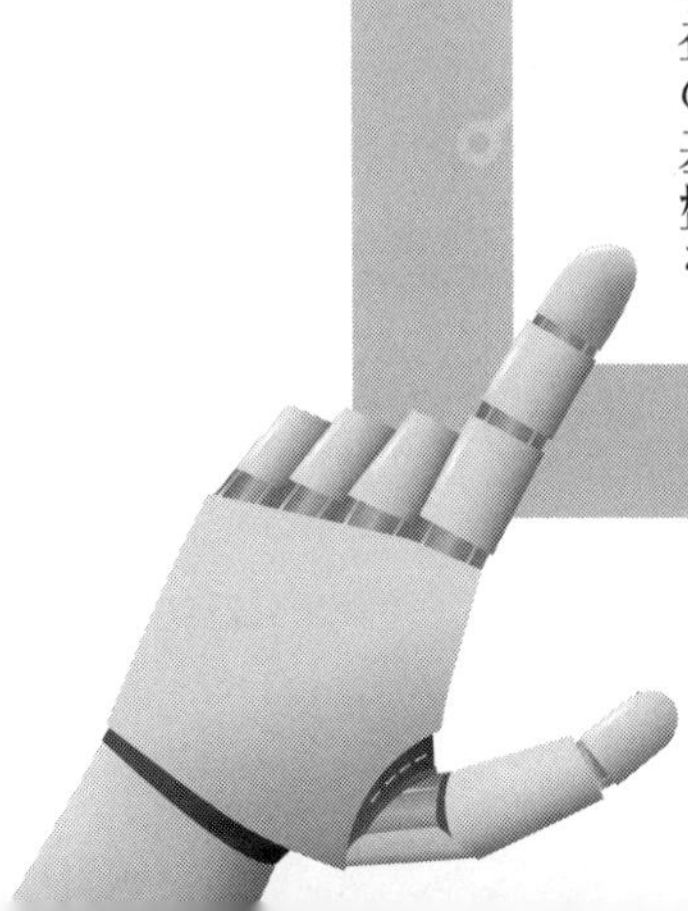

GENERATIVE ARTIFICIAL INTELLIGENCE

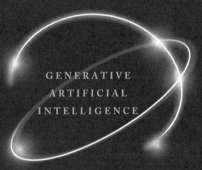

第5章

投資にチャレンジ！AIで資産を増やす

ＡＩは、投資の世界でも大きな変革をもたらしています。従来の投資方法に加えて、ＡＩを活用することでデータに基づいた的確な判断が可能になり、投資のリスクを軽減しつつ資産を増やすチャンスが広がります。

この章では、ＡＩを使った投資の基本から、初心者でも安心して始められる投資手法、リスク管理、具体的な投資テクニックについて解説します。ＡＩを活用して、賢く資産を運用し、長期的な収益を目指しましょう。

ＡＩを使った投資の基礎知識

ＡＩを使った投資にはさまざまな方法がありますが、基本となるのはデータに基づいた判断です。従来の投資は経験や勘に頼る部分も大きかったのですが、ＡＩを使うことで市場データや過去の動向から予測を行い、客観的な判断が可能になります。

１―株式市場でのＡＩ活用

株式投資は、多くの投資家にとって身近な資産運用方法です。ＡＩは、株式市場の膨大なデータを分析し、株価の変動やトレンドを予測するために活用されています。ＡＩによる株式投資の利点は、短時間で多くのデータを処理し、リスクとリターンを計算してくれることです。

例えば、ＡＩが過去の価格データや企業の財務状況を分析し、特定の銘柄が値上がりしそうなタイミングを予測するとします。ＡＩは「過去10年間でこの銘柄の株価は四半期ごとに10％以上の上昇を見せた」といったパターンを見つけ出し、そのトレンドが再度発生しそうな時期を教えてくれます。これにより、投資家は株式の購入や売却のタイミングを見極めやすくなります。

以下に、初心者でも利用しやすい３つのＡＩ投資ツールをご紹介します。

❶WealthNavi（ウェルスナビ）

ウェルスナビは、日本国内で人気のロボアドバイザーサービスです。ユーザーのリスク許容度や投資目的に基づき、最適なポートフォリオを自動で構築・運用します。ＡＩが市場データを分析し、リバランスや税金最適化も自動で行うので、初心者でも手軽に長期的な資産運用が可能です。

❷THEO（テオ）

THEOは、ＡＩを活用した資産運用サービスです。ユーザーの年齢や収入、投資目的に応じて最適な投資プランを提案します。世界中のＥＴＦ（上場投資信託）を組み合わせ、多様な資産クラスへの分散投資を実現します。また、ＡＩが市場の変動を監視し、必要に応じてポートフォリオの調整を自動で行います。

❸マネラップ（マネックス証券）

マネックス証券が提供する「マネラップ」は、ＡＩを活用したラップ口座（投資一任運用）サービスです。ユーザーの投資目的やリスク許容度に合わせて、最適な資産配分を提案し、自動で運用します。ＡＩが市場データを分析し、ポートフォリオの最適化やリスク管理を行うので、初心者でも安心して投資を始められます。

これらのツールは、ＡＩの力を借りて投資判断をサポートし、初心者でも手軽に資産運用を始めることができます。ただし、投資にはリスクが伴います。各サービスの特徴や手数料を比較し、自身の投資目的やリスク許容度に合ったものを選ぶことが重要です。

2 仮想通貨市場でのＡＩ活用

仮想通貨は、変動が激しく短期的な価格の上下が多く、予測が難しい市場です。しかし、ＡＩの価格予測モデルを使うと、過去のパターンや市場の動向から短期間で利益を得られるチャンスを見つけやすくなります。

例えば、ビットコインの価格が急激に上昇する直前には、ニュースやＳＮＳ上で「ビットコイン」「暗号資産」といった関連ワードが急増する傾向があることをＡＩが発見したとします。ＡＩはこれをもとに、ＳＮＳの投稿数やトレンドワードの増加率を分析し、価格上昇の予兆を早期に察知することができます。投資家は、ＡＩの予測に従ってビットコインを購入し、値上がり後に売却して利益を得る戦略が立てやすくなります。以下に、初心者でも利用しやすい３つのＡＩ投資ツールをご紹介します。

❶ CryptoHopper（クリプトホッパー）

CryptoHopperは、ＡＩを活用した自動取引プラットフォームです。ユーザーの設定に基づき、24時間３６５日市場を監視し、最適な取引を自動で行います。

また、ＡＩによる市場分析や価格予測機能も備えており、初心者から上級者まで幅広く利用されています。

❷TradeSanta（トレードサンタ）

TradeSanta は、ＡＩを活用した自動取引ボットです。ユーザーが設定した戦略に基づき、仮想通貨の売買を自動化します。ＡＩが市場データを分析し、価格予測を行うことで、効率的な取引をサポートします。直感的なインターフェースで、初心者でも使いやすい点が特徴です。

❸CoinPredictor（コインプレディクター）

CoinPredictor は、ＡＩを活用した仮想通貨の価格予測サイトです。過去のデータや市場動向を分析し、短期的な価格予測を提供します。主要な仮想通貨の価格動向を予測し、投資判断の参考として利用できます。

これらのツールを活用することで、仮想通貨市場の動向をより的確に把握し、投資判断の精度を高めることが期待できます。ただし、ＡＩによる予測も完全ではないので、最終的な投資判断は自己責任で行うことが重要です。

3―リスク分散のためのポートフォリオ管理

ＡＩは、投資先の分散やリスク管理にも役立ちます。異なる投資商品に分散して資産を運用することで、リスクを軽減し、安定したリターンを目指す「ポートフォリオ管理」にもＡＩは有効です。ＡＩは、資産の組み合わせによって、リスクがもっとも低くなるような最適なポートフォリオを自動的に提案してくれます。

例えば、ＡＩが株式、不動産、債券、仮想通貨といった異なる資産のリスクとリターンの相関関係を分析し、「現状では、株式70％、債券20％、仮想通貨10％が最適な分散投資の比率」と提案してくれることがあります。このようにリスクを分散させたポートフォリオをＡＩに構築してもらうことで、資産が一部市場の急激な変動に左右されにくくなります。先にご紹介した「ウェルスナビ（WealthNavi）」「テオ（THEO）」「マネラップ」はこの機能も備えています。

初心者でもできる！ＡＩを活用した投資手法

初心者が投資を始める際、ＡＩを活用することで、難しい分析や予測を手助けしてもらえます。ここでは、初心者でも始めやすいＡＩを活用した投資の具体的な手法を紹介します。

１―ロボアドバイザーでの資産運用

ロボアドバイザーは、ＡＩが投資家の目標やリスク許容度に基づいて、自動で投資プランを設計してくれるサービスです。投資家が「安定したリターンを目指したい」「リスクを抑えたい」といった希望を入力するだけで、ＡＩがそれに適したポートフォリオを提案し、運用してくれます。

例えば、初心者の方が「５年後に安全に資産を増やしたい」と希望した場合、ロボアドバイザーは安定したリターンを狙えるようにリスクを抑えたポートフォリオを作成します。株式と債券をバランスよく組み合わせ、リスクを低く設定することで、リターンを得ながら安心して投資が続けられます。また、投資状況に応じて、リスクや運用方針の調整を自動で行うため、手間がかかりません。

ウェルスナビ、テオ、マネラップなどはこの機能も備えています。

２　自動売買プラットフォームの活用

ＡＩによる自動売買プラットフォームは、事前に設定した売買ルールに従って自動で取引を行うことから、手間をかけずに収益を狙うことができます。例えば、「株価が10％以上上昇したら売却する」といったルールを設定しておくと、ＡＩがリアルタイムで価格を監視し、適切なタイミングで取引を行います。

ビットコインの自動売買では、「ビットコインが10％以上上昇したときに売却する」「5％以上下がったときに購入する」といったルールを設定しておくと、ＡＩが市場を常に監視して最適なタイミングで売買を実行します。

人間では見逃してしまうような短時間の価格変動にも反応できるので、安く買って高く売る戦略を自動で行えます。初心者でもリスク管理しながら短期の利益を狙うことができ、投資の経験が少ない方にも適しています。

ＡＩを活用した自動売買プラットフォームは、事前に設定した売買ルールに従って自動的に取引を行うため、初心者でも手間をかけずに投資を始めることができます。以下に、初心者でも利用しやすいＡＩ自動売買プラットフォームを5つご紹介します。

❶ QUOREA（クオレア）

QUOREAはＡＩを活用した投資サービスです。ユーザーはＡＩが採点したロボアドバイザーを選択し、自動売買を開始できます。仮想通貨市場にも対応しています。

初期費用はかからず、登録から取引開始までスムーズに進められます。デモトレードにも対応していて、リスクなく試すことが可能です。また、アンケートに答えることで自分に適したロボアドバイザーを見つけられる点も魅力です。

❷みんなのシストレ

みんなのシストレは、テキストマイニング技術や心理スコアリング技術を活用し、ＡＩが為替の値動きを予測する自動売買システムです。ユーザーは「テキストマイニングＡＩ」を選び、取引数量を決めて開始するだけで、ＡＩによる自動売買を行うことができます。ＦＸや自動売買が初めての方でも簡単に始められる設計になっています。

❸FOLIO ROBO PRO

FOLIO ROBO PROは、40種類以上のマーケットデータを活用して、ＡＩがリターン予測を行い、短期的に投資先や配分をダイナミックに変更する自動売買ツールです。手数料が１％と低く、初心者でも始めやすいサービスです。

❹Coinrule（コインルール）

Coinruleは、初心者から上級者まで幅広いユーザーに対応した自動売買プラットフォームです。ユーザーは、事前に設定された売買ルールを選択するか、自分でカスタマイズしたルールを作成し、仮想通貨の自動取引を行うことができます。直感的なインターフェースで、プログラミングの知識がなくても利用可能です。

❺3Commas（スリーコマス）

3Commasは、ＡＩを活用した自動売買ボットを提供するプラットフォームで、仮想通貨市場に対応しています。ユーザーは、さまざまな取引戦略を選択し、自動売買を設定できます。また、ポートフォリオ管理やリスク管理ツールも充実しており、初心者でも安心して利用できます。

クオレア（QUOREA）、コインルール（Coinrule）、スリーコマス（3Commas）は、仮想通貨市場にも対応しているものです。

これらのプラットフォームは、初心者でも利用しやすい設計になっていて、ＡＩの力を借りて効率的な自動売買を実現できます。ただし、投資にはリスクが伴います。各サービスの特徴や手数料を比較し、自身の投資目的やリスク許容度に合ったものを選ぶことが重要です。

3　AIでのマーケット予測に基づいた長期投資

AIは、長期的な価格予測や市場の動向を予測することにも優れています。AIの予測モデルをもとに、将来成長が見込まれる企業や産業に投資することで、安定したリターンを期待できる長期投資を行うことが可能です。

例えば、AIがハイテク企業の成長性を分析し、「今後5年で市場が20％以上成長する」と予測している場合、その分野のハイテク企業（例えば、AIやクラウドサービス企業）に長期的な投資を行うことで、資産の成長が期待できます。特に成長分野に注目することで、長期間にわたってリターンを得られる可能性が高くなります。

ウェルスナビ、テオ、FOLIO ROBO PROなどはこの機能を備えています。

リスクを抑えるためのＡＩ活用法

投資にはリスクが伴いますが、ＡＩを活用することでリスク管理を徹底し、安定した資産運用が可能になります。ここでは、リスクを抑えるためにＡＩを使った投資管理の方法と具体的な事例について解説します。

ＡＩは投資リスクを低減するためのツールとして非常に役立ちます。ポートフォリオのリバランスやリスク予測、損失を最小限に抑えるストップロスの設定など、ＡＩの分析機能を活用すれば、投資の安定性を保ちながらリターンを最大化できます。

１―ＡＩによるリスク予測と警告システム

ＡＩは市場の変動データや過去の動向から、リスクが高まっている状況を予測し、警告を出してくれます。特定の資産や市場全体のボラティリティ（価格の変動性）が高くなる兆候があれば、事前に通知を受けて適切な対応をとることができます。

例えば、AIが株式市場全体のボラティリティが急上昇していると予測した場合、リスクのある投資を一時的に控えるか、株式を売却して安全な資産に資金を移すよう提案してくれます。さらに、特定の株式のリスクが高まっている場合には、その銘柄に関する詳細なデータを提供し、リスクの理由や対応策を教えてくれるため、判断を下しやすくなります。

ウェルスナビ、テオ、FOLIO ROBO PRO などはこの機能を備えています。

2―自動リバランス機能でリスク管理

AIを使えば、ポートフォリオのバランスが崩れた場合、自動でリバランス（資産配分の調整）を行うこともできます。株式や債券の価格が変動してポートフォリオのリスクが高まったときに、自動で資産の割合を調整することで、リスクを一定範囲に抑えながら運用を続けることが可能です。

例えば、株式と債券のバランスを70：30に保って運用しているとします。株式市場の上昇によって株式の割合が80％に増えた場合、ＡＩが自動的にリバランスを行い、株式を売却して債券を買い増しすることで、再び70：30のバランスに戻します。このように、自動でリバランスを行うことで、過度なリスクを抑えながら安定した運用が可能になります。

ウェルスナビ、テオ、FOLIO ROBO PRO などにもこの機能が備わっています。

3―ストップロス機能で損失を最小限に抑える

ＡＩを使った自動売買プラットフォームには、ストップロス機能（一定の損失が発生した場合に自動的に売却を行う設定）が含まれていることが多くあります。損失が一定以上に拡大しないようにするためで、リスクの高い市場でも安心して投資ができます。

例えば、仮想通貨のビットコインは価格変動が激しいので、価格が一定以上下落した際に自動で売却するストップロスを設定しておくと、損失を最小限に抑えられます。

例えば、「ビットコイン価格が10％下落した場合に売却」というルールを設定すると、急激な価格下落のリスクに備えることができます。ＡＩが24時間市場を監視し、設定通りのタイミングで取引を行い、投資家は安心して市場に参加できます。

ＡＩを活用した自動売買プラットフォームの中で、初心者にも利用しやすく、ストップロス機能を備えたものとして、例えば、以下の5つが挙げられます。

❶TradeStation（トレードステーション）

TradeStationは、初心者からプロまで幅広いトレーダーに対応した自動売買プラットフォームです。ストップロス機能を含む多彩な注文タイプをサポートしていて、リスク管理が容易です。また、直感的なインターフェースと豊富な教育リソースが提供されているので、初心者でも安心して利用できます。

❷MetaTrader 4（メタトレーダー4）

MetaTrader 4は、世界中で広く使用されている自動売買プラットフォームで、ストップロス機能を標準装備しています。ユーザーフレンドリーなデザインと多言語対応により、初心者でも簡単に操作可能です。また、豊富なカスタマイズオプションとコミュニティサポートが充実していて、自分の取引スタイルに合わせた設定が可能です。

❸ eToro（イートロ）

eToroは、ソーシャルトレーディング機能を備えた自動売買プラットフォームで、ストップロス機能も提供しています。他のトレーダーの取引をコピーする「コピー・トレード」機能があり、初心者でも経験豊富なトレーダーの戦略を学びながら取引を行うことができます。直感的なインターフェースと豊富な教育コンテンツが用意されていて、初心者に適した環境が整っています。

❹ CoinTrader（コイントレーダー）

CoinTraderは、仮想通貨市場に特化した自動売買プラットフォームであり、AIを活用した多様な売買戦略を提供しています。ストップロス機能を含むリスク管理ツールが充実していて、初心者でも安心して取引を開始できます。また、ユーザーフレンドリーなインターフェースと豊富な教育リソースが用意されているので、使いやすくなっています。

❺マネコ

マネコは、仮想通貨の自動売買をサポートするプラットフォームです。AIが市場の動向を分析し、最適な売買タイミングを提案します。ストップロス機能を備えており、リスク管理が容易です。また、初心者向けのシンプルなデザインと操作性が特徴で、初めての方でも直感的に利用できます。

先ほどご紹介したQUOREA（クオレア）、みんなのシストレ、FOLIO ROBO PRO、Coinrule（コインルール）、3Commas（スリーコマス）などのAI自動売買プラットフォームもすべてストップロス機能を有しています。これらのプラットフォームは、ストップロス機能を活用して、リスクを管理しながら、自動売買を行うことが可能です。

ＡＩを使って安心して投資を始める方法

ＡＩを活用すれば、投資経験が少ない方でも簡単に投資を始めることができます。ここでは、ＡＩを活用して投資を安心して始めるためのステップを具体的に紹介しましょう。

１　目的に合わせた投資プランをＡＩに相談する

ＡＩを活用したロボアドバイザーに相談することで、自分の目標やリスク許容度に応じた投資プランを提案してもらえます。初心者の方でも簡単な質問に答えるだけで、長期の資産形成、安定的な収益など、自分のニーズに応じた投資プランを提供してくれます。

例えば、結婚資金を3年後までに貯めたいと考えている場合、ロボアドバイザーに「3年後に使いたい資金」「できるだけリスクを抑えたい」という条件を入力すると、債券を中心に、リスクの少ない資産配分を提案してくれます。すると、「株式40％、債券60％」といったようなリスクの少ないプランが提示され、定期的なリバランスもAIにお任せできるので、安心して投資を継続できます。

2 定期的な積立投資をAIに任せる

AIによる積立投資は、毎月一定額を自動で投資する仕組みです。価格変動のリスクを抑えつつ長期的に資産を増やす方法です。価格が下がったときに多く買い、上がったときには少なく買う「ドルコスト平均法」により、長期的に資産を積み上げることができます。

例えば、AIを活用した積立投資サービスに「月1万円」の積立投資を設定し、長期的に資産形成を目指すとします。AIが株式と債券のバランスを考え、価格が低いときには株式を多めに購入するなど、賢く投資の配分を行ってくれます。この方法を

10年、20年と続けることで、安定した老後資金を準備することが可能になります。

3　ＡＩの市場分析で短期投資を行う

短期投資はリスクが高い一方で、成功すれば短期間で利益を得られる可能性があります。

ＡＩを使った自動売買プラットフォームで短期投資を行えば、トレンドをいち早くキャッチし、最適なタイミングでの取引をＡＩがサポートしてくれます。

企業の決算発表や経済イベントの前後は株価が動きやすく、短期取引のチャンスが多くなります。このような時期には、ＡＩが市場データをもとに株価の変動パターンを分析し、「決算発表の翌日に上昇しやすい」と予測された株を購入します。そして、一定の利益が出た時点で自動的に売却することで、短期の利益を狙います。ＡＩがタイミングを判断してくれるので、初心者でも短期投資を安心して行えます。

summary

ＡＩを使った投資は、初心者でも安心して資産を運用し、リスクを抑えながらリターンを得るための強力なサポートツールです。ＡＩは膨大なデータをもとに最適な投資方法やタイミングを分析し、投資のプロセスを自動化することで、初心者でも簡単に始められる環境を提供します。

多様かつ膨大なデータや情報を集め、それを分析して、近未来を予測をするのはプロでもなかなか難しいことです。ましてや一般の人がこうしたプロセスによって投資を行うことは至難の業でしょう。ＡＩはプロとアマの差を一気に縮めてくれるのです。

この章で紹介した投資方法や具体例を参考に、ＡＩを活用した資産運用を検討してみましょう。

次の章では、ＡＩを活用した副業や収益を上げる方法について詳しく解説します。ＡＩツールを使って効率的に仕事を進める方法や、副業での収益を増やすためのコツを学び、さらに安定した収入基盤を築いていきましょう。

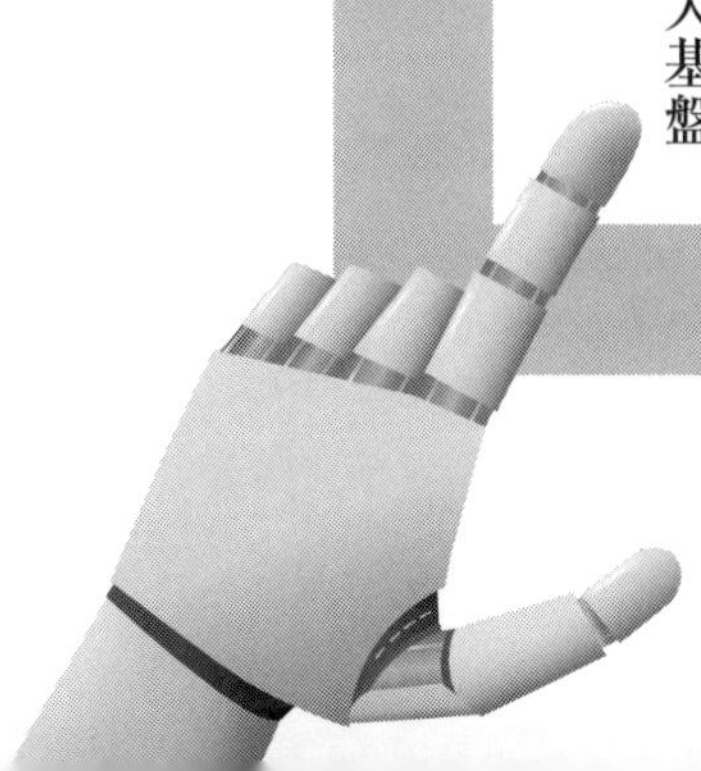

GENERATIVE
ARTIFICIAL
INTELLIGENCE

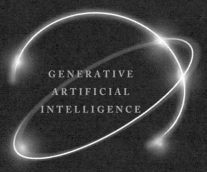

第 6 章

オンライン講座を始めよう

オンライン講座は、自分の知識やスキルを他の人と共有し、収益化するための優れた手段です。最近では、ＡＩを活用して教材や動画の作成を効率化する方法が増えており、初心者でも簡単に質の高い講座を提供できるようになっています。

この章では、ＡＩを使ってオンライン講座を準備し、効果的に受講者に伝えるための方法を、具体例を交えて紹介します。

AIを使って、わかりやすい教材や動画を作成

オンライン講座を成功させるためには、受講者が理解しやすい教材や視覚的に魅力的な動画を提供することが大切です。AIを活用することで、教材や動画を簡単かつ効率的に作成でき、プロフェッショナルな仕上がりを実現できます。

1―スライドやテキスト教材の作成

AI文章生成ツールを使えば、講座内容の下書きを自動的に作成できます。テーマに合わせたスライドや補足資料も簡単に作成でき、時間をかけずにクオリティの高い

教材を準備できます。

例えば、ChatGPTは、講座のテーマやキーワードを入力するだけで、講義内容の骨組みを提案してくれるので、効率よくテキスト教材を作成できます。

また、Canvaを使えば、テンプレートを利用してプロフェッショナルなスライドやビジュアルを簡単に作成でき、視覚的な魅力をアップしてくれます。

例えば、「ビジネスマナー」をテーマにした講座を作成する場合、ChatGPTに「ビジネスマナーの基本を教えてください」と入力すると、「敬語の使い方」「挨拶の重要性」「電話応対のコツ」など、講座のセクション案が得られます。これをもとにCanvaでスライドを作成し、シンプルかつ効果的なデザインにすることで、受講者にわかりやすく情報を伝えるツールやコンテンツを作成できます。

2 ― 動画教材の作成

動画は視覚と聴覚の両方に訴えることができ、理解を深めるために非常に効果的です。AIツールを使うことで、動画の編集や音声のナレーションも簡単に作成できるので、プロフェッショナルな教材を作成できます。

Synthesia はナレーションを担当する動画作成ツールです。自分で話すことなくAIが講師役として講義を進めてくれます。

InVideo は、テンプレートを使って簡単に動画の編集ができ、動画教材を短時間で作成できます。

例えば、「ＳＮＳマーケティングの基礎」をテーマにした講座を作成する場合、Synthesia を使って講義内容をテキストで入力すると、ＡＩがナレーションと動画を自動で生成してくれます。InVideo を使って、ＳＮＳの画面やマーケティングの例を視覚的に示すことで、受講者により具体的なイメージを伝えやすくなります。

また、第2章で紹介した Heygen を使ってあなた自身のクローンを作れば、セリフを文字で入れるだけであなたのクローンがあなたの代わりに動いて、話して、講義してくれます。

顔出ししたくない場合は、さらにＡＩ画像生成ツールやＡＩ動画生成ツールを活用することで、外見や性別、年齢、声などを自由に変えることも可能です。

初心者でもできる！講座やレッスンの開き方

オンライン講座は、特別な資格や経験がなくても始めやすい副業です。テーマをしっかりと設定し、受講者が興味を持つ内容を提供することで、継続的な収益源にすることができます。

1 講座のテーマを決める

まずは、講座のテーマを決めましょう。自分が得意な分野や興味を持っているトピックであれば、講座作りが楽しくなり、受講者にとっても価値ある内容になります。テーマはなるべく具体的に設定し、ターゲット層を明確にすることがポイントです。

例えば、「初心者向けの日常英会話」をテーマに設定することで、英語に苦手意識のある方や、旅行前に英語を学びたい方など、ターゲット層を絞り込むことができます。

さらに、「レストランでの注文方法」や「道案内の英語」「ホテルフロントでの会話のポイント」といった具体的なシチュエーションに基づいた講座にすることで、受講者にとって実用的な内容になります。

2　コースのカリキュラムを作成する

講座のテーマが決まったら、次にカリキュラムを作成します。各セクションに分けて内容を構成することで、受講者が段階的に学べるように設計します。文章生成AIツールを使って、テーマに合った構成案やトピックを提案してもらうと、カリキュラム作りがスムーズに進みます。

第2章で確認したように、Chat GPTが1か月分のブログのトピックを提案してくれるくらいですから、当然、全30回とか全60回の講座のトピックを提案してもらうことだって簡単にできます。

Chat GPTに「初心者向けの日常英会話のオンライン講座を開催します。全60回の講義内容を考えてください」とプロンプトを入れればいいだけです。

3　オンライン講座プラットフォームを選ぶ

オンライン講座を公開するためのプラットフォームを選びます。Kajabi, Udemy, Teachableといったオンライン学習プラットフォームを利用すると、講座の販売や受講者の管理が簡単に行うことができ、講師としての負担も少なくなります。

例えば、英会話講座をUdemyで公開する場合、カリキュラムと動画教材をアップロードし、コース概要を登録するだけで講座が公開されます。Udemyには世界中のユーザーがいるので、初心者向けの英会話講座であれば多くの受講者が期待できます。また、レビュー機能があり、受講者のフィードバックを受け取って内容を改善しやすくなり、質の向上にもつながります。

学びを深めて、知識を人に伝える楽しさ

オンライン講座を通じて自分の知識を他人に伝えることは、やりがいや満足感が得られるだけでなく、自分自身のスキルアップにもつながります。また、受講者にとって価値ある講座を提供することで、リピーターを増やし、安定した収益を得ることができます。

１―受講者の目線に立ったわかりやすい内容にする

受講者のニーズに応えるためには、初心者の目線に立ったわかりやすい内容を心がけましょう。難しい専門用語は避け、シンプルな表現で内容を伝えることで、理解度が高まり、受講者にとっても満足度が上がります。

例えば、「初心者向けアフィリエイト講座」を提供する場合、「アナリティクス」のような専門用語を使わずに、「アクセス解析」や「データ分析」といった言葉を使ったり、さらにわかりやすくするなら、「どれくらいの人が見ているかを確認する方法」や「閲覧状況のチェック」といった表現を使うことで、初心者にも理解しやすい内容にします。また、アフィリエイトの基本的なポイントや注意事項も具体的に示し、手順を動画で解説することで、受講者が実際に実践しやすくなります。

2 受講者の進捗をサポートする仕組みを整える

受講者が講座を進めやすいよう、進捗をサポートする仕組みを整えることも重要です。受講者のモチベーションを維持し、学びを深めてもらうために、チェックリストやクイズ、課題を提供すると効果的です。

例えば、「スペイン語基礎講座」を提供する場合、各レッスンの終わりに「自己紹介をしてみましょう」「挨拶をスペイン語で言えるか確認しましょう」などのチェックリストを提示し、学習の進捗を確認してもらいます。また、レッスンの内容に基づいたクイズを追加することで、復習ができ、理解度を高められます。受講者が学習の進み具合を自分で把握できる仕組みを整えることで、講座に対する満足度が高まり、リピーターも増えやすくなります。

3―フィードバックを活用して講座の質を向上させる

受講者からのフィードバックを活用し、講座の内容を継続的に改善することで、講座の質が向上します。フィードバックを受け入れて内容を改善していくことで、講座の信頼性も向上し、新規受講者の増加にもつながります。

例えば、「JavaScript入門講座」で「初心者には難しく感じる」などのフィードバックを受けた場合、最初のレッスンに基礎的な説明を追加するなどの工夫を加えます。また、難しい部分には補足動画や実例を追加して理解を助けると、受講者にとってよりわかりやすい講座になります。

フィードバックに対して柔軟に対応することで、受講者からの評価が上がり、口コミやレビューが増えることで、さらに新規の受講者が集まりやすくなります。

4 受講者のコミュニティを作り、学びをサポートする

オンライン講座において、受講者同士が学びを共有できるコミュニティを提供すると、モチベーションを維持しやすくなります。受講者が質問や意見を交換できる場を設けることで、学習効果が高まり、満足度も向上します。

例えば、「初心者向け英会話講座」を提供している場合、Facebookグループや LINEグループなどのコミュニティを作り、受講者が質問したり、自分の学習成果を共有できるようにします。

毎週テーマを決めて「英語で自己紹介をしてみましょう」といった課題を出すと、受講者同士が学びを深め合う場になり、学習の継続がしやすくなります。コミュニティを通じて講師が受講者とコミュニケーションをとることで、講座への信頼も高まります。

オンライン講座の収益化のポイント

オンライン講座を収益化するためには、講座の内容や構成を工夫することが重要です。講座を充実させるとともに、マーケティングの戦略を取り入れることで、受講者を増やし、安定的な収益を得ることができます。

1　無料コンテンツを提供し、興味を引く

講座の一部を無料で提供することで、受講者に内容を体験してもらい、興味を引くことができます。無料コンテンツで講座のクオリティをアピールすることで、有料講座への登録を促進します。

例えば、「Excel の基本操作」をテーマにした講座を提供する場合、最初の1〜2

回分のレッスンを無料で公開し、「Excel の基本的な操作がわかる！」といった導入内容を体験してもらいます。受講者が「わかりやすい」と感じれば、その後の有料レッスンに申し込みやすくなります。無料コンテンツで講座の魅力を伝えることが、新規受講者の獲得につながります。

2―複数の講座をシリーズ化し、リピート率を高める

1つのテーマにとどまらず、シリーズ化した講座を提供することで、リピート受講者を増やすことができます。ステップアップした学びの場を提供することで、受講者のニーズに応え、長期的な収益を得ることができます。

例えば、「HTML 入門講座」の受講者向けに、「CSS 応用講座」「JavaScript 基礎講座」といったステップアップコースを提供して、継続的に学習を進められる環境を整えます。シリーズ化した講座は、受講者が段階的にスキルを身につけられるので、リピート率が高まり、収益の安定化につながります。

3―プロモーションとマーケティングで受講者を増やす

講座を収益化するためには、プロモーションとマーケティングが重要です。ＳＮＳやブログ、メルマガなどを活用して講座の内容を広く告知し、受講者を増やすことで、収益の増加が見込めます。

例えば、「Instagram や X（旧 Twitter）で「初心者向け英会話講座」の開講を告知し、フォロワーに対して期間限定の割引コードを提供します。さらに、過去の受講者の声や実績をＳＮＳで紹介することで、受講者が講座の内容に信頼を持ちやすくなります。また、キャンペーンや割引を活用したプロモーションで新規受講者の獲得を促進し、売上を伸ばすことが可能です。

4―定期的なアップデートで講座の価値を維持

オンライン講座は一度作成したら終わりではなく、定期的なアップデートが必要です。内容の古さや不備を修正し、最新の情報を取り入れることで、受講者にとって価値ある講座を提供し続けることができます。

例えば、「Webデザインの基礎講座」を提供している場合、デザインのトレンドや新しいツールが登場した際に、追加の講義や資料を提供することで、講座内容を最新のものにします。

また、受講者からのフィードバックをもとに、わかりづらい箇所に補足説明を加えるなどの改善を行うことで、受講者満足を高め、長期的な収益を維持します。

summary

ＡＩを活用したオンライン講座は、誰でも始めやすく、効率的に質の高いコンテンツを提供できることから、収益性の高い副業として大変魅力的です。講座のテーマ設定やカリキュラム作成から、プロフェッショナルな教材や動画の作成まで、ＡＩツールがさまざまな場面でサポートしてくれるので、初心者でも質の高い講座を提供することが可能です。

この章で紹介した手順やポイントをふまえ、自分の得意分野や興味のあるテーマでオンライン講座を始めてみましょう。ＡＩの力を活用し、学びの場を提供することで、自身の知識を多くの人に伝え、継続的な収益を得るための第一歩を踏み出しましょう。

次の章では、人とのつながりを活かしてビジネスを広げる方法について解説します。ＳＮＳやネットワークを活用したつながり作りを通じて、ビジネスの成長や新しいチャンスをつかむ方法を学びます。ＡＩが提供する分析や自動化ツールを活用しながら、効率的に人脈を築き、ＳＮＳでの発信力を高めていくことで、さらなるビジネスチャンスを広げることができます。

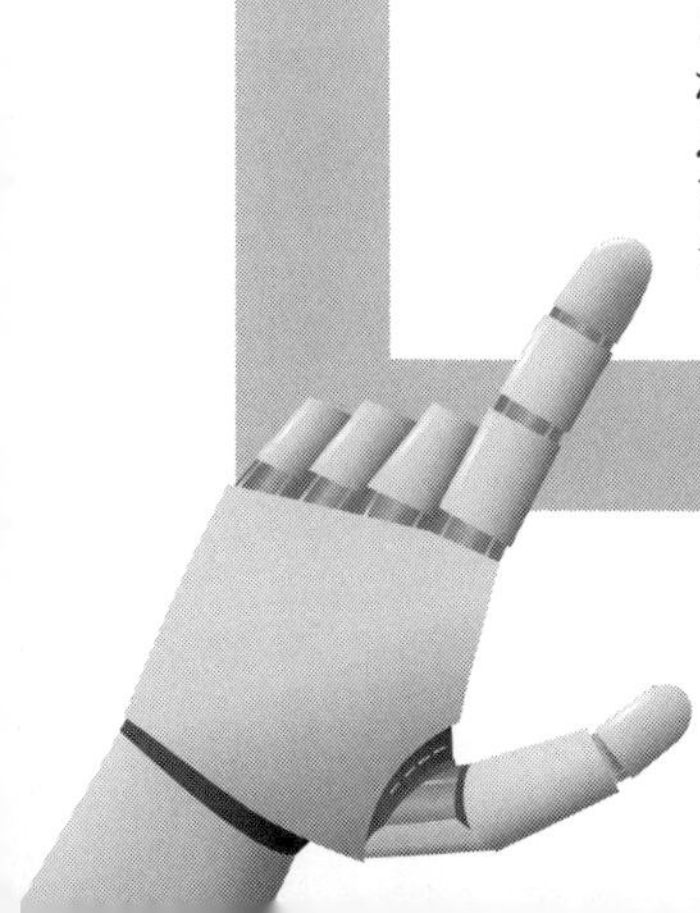

GENERATIVE
ARTIFICIAL
INTELLIGENCE

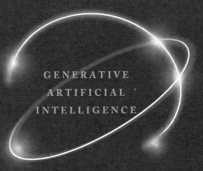

第7章

人との
つながりで
ビジネスを
広げよう

ビジネスにおいて、つながりや人脈は重要な資産です。特に現在では、ＳＮＳやネットワークツールを活用することで、物理的な距離を超えて多くの人とつながり、ビジネスのチャンスを広げることが可能です。ここでＡＩを活用すると、ＳＮＳでの発信や人脈管理が効率化され、つながりを効果的に築きやすくなります。

この章では、ＳＮＳやＡＩツールを活用してビジネスの人脈を広げる方法や、人脈を深めるためのコツについて、具体例を交えて解説します。

AIを活用して、SNSでのつながりを効果的に作る方法

SNSは、ビジネスパートナーやクライアントとつながるための強力なツールです。AIを活用することで、ターゲット層に効果的にアプローチし、フォロワーやビジネス仲間を増やすことができます。

1―ターゲット層に合わせたコンテンツを発信する

SNSでのフォロワーを増やすためには、ターゲット層に合ったコンテンツを提供することが大切です。AIを使って、フォロワーが興味を持ちやすいトピックや投稿

のタイミングを分析することで、効果的にフォロワーを増やすことができます。

例えば、AI分析ツールを使って、業界内で注目されているトピックをリサーチし、それに関連した投稿をFacebookやInstagramで発信します。「最新のデジタルマーケティングトレンド」や「AIによる業務効率化」といった内容で投稿すると、同じ業界のプロフェッショナルからの反応が増えやすくなります。

コメントや「いいね」をきっかけに、共通の関心を持つユーザーがつながりを申し込んでくれる可能性も高まります。

2—AIでメッセージを自動管理し、効率的にフォロワーと交流する

フォロワーが増えると、すべてのメッセージに対応するのは難しくなりますが、AIを使えば、効率的にメッセージの管理が可能です。自動返信機能や定型メッセージの生成機能を活用し、フォロワーとのコミュニケーションを円滑に進めることができます。

例えば、Instagramで自社製品やサービスの紹介をしている場合、フォロワーから

のDM(ダイレクトメッセージ)が増えることがあります。AIチャットボットを使って、よくある質問に自動で回答する設定をすると、「商品の購入方法」「キャンペーンの詳細」などの質問に迅速に対応できます。これにより、対応にかかる手間を減らし、フォロワーとの良好な関係を保つことが可能になります。

3 コンテンツの効果測定で発信力を強化する

SNSで発信する際には、どのコンテンツがフォロワーに響いたかを測定し、効果の高い内容を増やしていくことが大切です。AIを使えば、エンゲージメントの分析やフォロワーの反応を簡単に把握でき、次回の投稿に反映させられます。

例えば、X(旧Twitter)でビジネスに関する情報を発信している場合、AI分析ツールを使って「最もリツイートされた投稿」「エンゲージメントが高かった時間帯」を分析します。「週末の午後が最も反応がよい」という結果が出た場合、その時間帯に合わせて投稿を集中させ、ビジネスに役立つ情報やトピックを発信することで、さらにフォロワーとのつながりを強化できます。

ＡＩで人脈づくりをサポートする方法

ＡＩは、ＳＮＳ上の人脈だけでなく、ビジネス上で出会う新しい人々とのつながりを構築するのにも役立ちます。名刺や連絡先の管理、自動リマインド機能など、ＡＩを活用した人脈管理ツールを使うことで、ビジネスのチャンスを逃さずに人脈を広げることができます。

１　名刺や連絡先をＡＩで管理する

ビジネスパーソンと多く出会うと、名刺や連絡先の管理が大変になりますが、ＡＩを使ってデジタル管理を行うことで、必要なときにすぐに情報を取り出せます。ＡＩは名刺のデジタル化や分類を自動で行ってくれるため、効率的に人脈を管理できます。

例えば、名刺管理アプリ「Eight」や「myBridge」には、ＡＩが名刺情報を読み取り、自動でデジタル化する機能があります。名刺を撮影するだけで、ＡＩが名前や連絡先を登録し、業界や会社ごとに分類してくれるので、ビジネスの場で新しい人と出会った際に、名刺を探す手間が省けます。

また、後日フォローアップのメールを送りたい場合にも、効率的にアクセスでき、ビジネスチャンスを逃さないようにする手助けになります。

２　自動リマインド機能でフォローアップを忘れない

ビジネスの場でのつながりを強化するためには、定期的なフォローアップがとても重要です。

ＡＩを使ったリマインド機能を活用することで、会議後やイベント後のフォローアップメールを自動的にリマインドしてくれるので、効率的に人脈を維持できます。

例えば、商談や異業種交流会で出会った人にフォローアップの連絡をしたい場合、「Dola AI」のようなツールのＡＩリマインダー機能を活用します。「Dola AI」は、会話形式でスケジュールを簡単に管理できる次世代のＡＩアシスタントです。音声や文字、画像を理解し、スケジュールを作成できます。

また、Google カレンダーや Apple カレンダーと同期し、フォローアップのリマインドを自動的に行うことが可能なので非常に便利です。

「３日後にフォローアップメールを送る」と設定すると、ＡＩが指定日にリマインドしてくれるので、ビジネス上の関係を継続しやすくなります。フォローアップのタイミングを逃さないことで、相手に好印象を与え、ビジネス上の関係が深まる可能性も高まります。

３―イベントやミーティングの管理もＡＩで効率化

ＡＩを使ったカレンダー機能やタスク管理ツールを活用することで、ビジネスイベントやミーティングのスケジュール管理が簡単になります。

ビジネス上の人脈を築くために必要な予定を効率的に調整でき、多忙な日々でも人脈の広がりをサポートしてくれます。

例えば、Googleカレンダーのアイ機能を活用すると、メールで届いたミーティングの招待を自動でカレンダーに追加したり、移動時間も含めてスケジュールを最適化してくれます。

また、会議が近づくとリマインド通知が届き、大事なビジネスミーティングを忘れることがなくなります。アイのサポートにより、効率的にビジネスイベントや予定を管理でき、時間を有効に使うことができます。

効果的に人脈を広げるためのコミュニケーションの工夫

アイを活用するだけでなく、実際にビジネス上でのつながりを深めるためには、直接的なコミュニケーションや信頼関係を築くことも大切です。

ここでは、AIを活用しつつ、効果的な人脈づくりのためのコミュニケーションの工夫について具体的に紹介します。コミュニケーションを深め信頼関係を築くことで、長期的なビジネスのつながりができ、より多くのチャンスや協力関係が生まれる可能性が高まります。

1 定期的なコンタクトを意識する

人脈を広げるためには、定期的にコンタクトをとることが大切です。LINEやWhatsApp等のメッセージアプリやSNSを使って定期的に連絡を取り合い、関係を維持することがポイントです。AIを使ってフォローアップのタイミングをリマインドしたり、定型メッセージを準備しておくことで、スムーズにコンタクトを取り続けられます。

例えば、取引先やビジネスパートナーに四半期ごとに近況報告のメールを送ることで、関係を維持し、互いの事業状況を共有する機会を作ります。

AIリマインダー機能を活用して、3か月ごとにメールを送るスケジュールを設定しておくと、タイミングを逃さずに連絡をとることができます。メールの内容には、最近のプロジェクトの進展や、今後の計画などを簡潔にまとめておくと、相手に興味を持ってもらいやすくなります。

２―オンラインイベントやセミナーで顔を合わせる機会を作る

対面での交流が難しい場合でも、オンラインイベントやウェビナーに参加し、ビジネス上の人脈を広げることができます。ＡＩを使ったイベントプラットフォームを活用することで、参加者との交流がスムーズになり、意図的に人脈を広げる機会を持てます。

例えば、オンラインで開催される業界セミナーや展示会に参加し、名刺交換機能を使って多くの人とつながります。

イベントプラットフォームによっては、ＡＩがおすすめの参加者を紹介してくれる機能もあり、関心のある分野でつながりたい相手を見つけやすくなります。また、名刺情報をデジタル化して保存してくれるため、後からフォローアップもしやすく、効率的に人脈を広げることができます。

以下に、名刺交換機能や参加者同士のマッチング機能を備えたおすすめのプラットフォームを3つご紹介します。

❶EventHub（イベントハブ）

EventHubは、オンラインイベントやウェビナーの開催をサポートするプラットフォームです。参加者同士のネットワーキングを促進する機能が充実していて、特に、名刺交換機能やチャット機能を通じて、参加者間のコミュニケーションを円滑に行うことができます。

❷EventRegist（イベントレジスト）

EventRegistは、オンラインイベントの企画から運営までをトータルでサポートするプラットフォームです。参加者管理機能や名刺交換機能が備わっていて、イベント後のフォローアップも効率的に行えます。

❸eventos（イベントス）

eventosは、オリジナルのイベントサイトをカスタマイズできるプラットフォームです。スマートフォンアプリも提供しています。スタンプ機能やAR機能など、参加者同士の交流を促進する機能が豊富で、名刺交換もデジタルで行うことが可能です。

これらのプラットフォームを活用することで、オンライン上でも効果的に人脈を広げることができ、ビジネスチャンスを創出することができます。

3―定期的に役立つ情報をシェアする

相手にとって役立つ情報を定期的にシェアすることで、信頼関係を築きやすくなります。特に業界ニュースやビジネスに関する意見や洞察は、相手にとって価値のある情報であることが多く、関係を深めるためのよいきっかけとなります。

例えば、金融業界にいるパートナーに対して、ＡＩツールでまとめた最新の金融市場動向をメールでシェアします。AIが自動的にニュースを収集し、関連するトピックを定期的に配信してくれるため、手間をかけずに最新情報を提供できます。

相手が興味を持ってくれる内容をシェアすることで、価値ある情報を共有する信頼できる存在として認識され、ビジネスの関係が強化されます。

4　誕生日や記念日にメッセージを送る

誕生日やビジネス上の記念日にメッセージを送ることも、関係を強化するのに効果的です。AIカレンダーやリマインダーを使えば、こうしたイベントを忘れることなくタイミングよくメッセージを送ることができます。

例えば、クライアントやビジネスパートナーの誕生日をGoogleカレンダーに登録し、リマインダー通知を設定します。AIが通知してくれるので、忙しい日々の中でも誕生日を忘れることなくメッセージを送ることができ、「おめでとうございます」といった簡単なメッセージを送るだけで、関係を円滑に保つことができます。小さな気配りが相手にとっては嬉しいポイントになり、信頼関係が強まります。

５―定期的なメンテナンスで人脈を見直す

ビジネスの成長に伴って人脈も拡大していきますが、定期的に人脈を見直し、重要な関係に集中することも重要です。ＡＩを使って過去のやりとりを分析し、最近あまり交流がない相手や、ビジネスでの関係が薄れたつながりを整理することで、時間とリソースを有効に使えます。

例えば、「Eight（エイト）」や「CamCard（CAMカード）」のような名刺管理アプリで過去のやりとりを分析し、「１年以上連絡をとっていない連絡先」を抽出して、現在のビジネスに役立ちそうな関係かどうかを検討します。不要な連絡先を整理することで、重要なビジネスパートナーや有望な見込み顧客により集中して時間を割けるようになります。また、しばらく連絡が途絶えていた相手には、再度関係を築くためのフォローアップを行うことで、失ったつながりを取り戻すこともできます。

summary

ＡＩを活用することで、ＳＮＳでのつながり作りや人脈管理が効率化され、ビジネスにおけるネットワーク構築が飛躍的に向上します。ＳＮＳでの効果的な発信や、ＡＩによるフォローアップ、定期的な人脈のメンテナンスなど、ＡＩの力を活用して新たなビジネスチャンスをつかみましょう。

次の章では、これからのＡＩの進化に伴う未来の展望と、新しい仕事やチャンスを捉えるための心構えについて解説します。

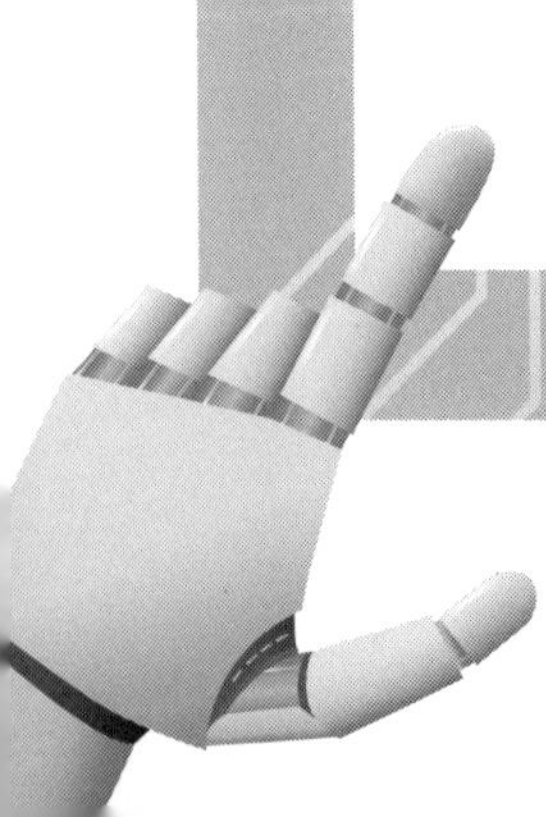

GENERATIVE
ARTIFICIAL
INTELLIGENCE

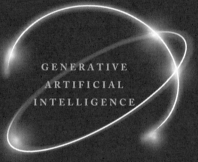

第 8 章

これからの時代とAIの未来

ＡＩ（人工知能）は、間違いなく、今後さらに進化し、僕たちの生活やビジネスに大きな影響を与えていくでしょう。ＡＩの進化に伴い、新しい仕事やビジネスチャンスが次々と生まれ、これまでの常識にとらわれない発想やスキルが求められる時代が訪れます。

この章では、ＡＩの未来についての展望や、これからの時代に適応し、チャンスを活かすための心構えについて具体例を交えて解説します。

これからＡＩが進化していく方向性

ＡＩは、すでにさまざまな分野で活用されていますが、今後の進化によってどのような可能性が広がっていくのかを考察してみます。

１―ＡＩによるより高度な仕事の自動化

これまでＡＩはルーティンワークやデータ分析のような業務において自動化を進めてきましたが、今後はさらに高度なタスクもＡＩによって自動化されるようになると考えられています。医療分野や法律分野など、専門知識が必要な領域でもＡＩが活躍することになるでしょう。

例えば、ＡＩが画像診断を行い、早期の病気発見に貢献するようになると、医師はより複雑で専門的な治療や患者とのコミュニケーションに集中できるようになります。AIがX線やMRI画像から自動的に異常を検知し、医師にアラートを出すシステムが広がれば、診断の精度が向上し、早期治療につながりやすくなります。

法律の分野でも、契約書のレビューや判例の検索をAIが自動で行い、弁護士はより高度な法律相談や交渉に専念できるようになります。

例えば、契約書のドラフトをAIが作成し、弁護士が最終確認をするだけで済むようになることで、業務効率が飛躍的に向上します。

2―AIによるパーソナライズされたサービスの拡充

AIが僕たちの行動や好みを分析し、それに合わせてサービスを提供する「パーソナライズ」が進化すると、生活の質が向上します。健康管理、教育、エンターテインメントなどの分野で、AIが個人のニーズに応じたサービスを提供する未来が期待されています。

例えば、AIがユーザーの生活習慣や健康データを分析し、個人に最適な健康管理プランを提案してくれるアプリが増えるでしょう。

また、睡眠の質や運動量、食事の内容をＡＩが把握し、体調管理のアドバイスを提供することで、日々の生活がより健康的になります。さらに、異常なデータを検出した際には、医療機関への相談を促す機能も追加されるでしょう。

教育分野では、ＡＩが学習者の理解度や進捗に合わせて教材や練習問題を出題する「ＡＩチューター」が登場しています。

例えば、数学の学習において、理解が浅い分野には練習問題を多めに、得意な分野は簡単な復習に留めるなど、個々の生徒に合わせた学習サポートが可能になります。このように、個別のペースに合わせた学びを提供することで、学習効果が向上し、理解が深まります。

ＡＩとともに生まれる新しい仕事やチャンス

ＡＩの進化によって、従来にはなかった新しい仕事やビジネスチャンスが次々と生まれています。ＡＩとともに生まれる新しい役割を理解し、準備しておくことで、これからの時代に適応し、チャンスをつかむことができます。

１　ＡＩの開発や管理を行う専門職

ＡＩの導入が進むにつれて、ＡＩを設計し、データを活用するための専門的なスキルを持つ人材が求められています。ＡＩエンジニアやデータサイエンティストのような職業は、今後おおいに需要が高まるでしょう。

データサイエンティストは、膨大なデータを分析してビジネスに活かす役割を担います。例えば、顧客の購買データをもとにした需要予測や、売れ筋商品の分析など、企業の意思決定に役立つ情報を提供することで、ビジネスの成長を支える重要な役割を果たします。

データサイエンスのスキルを磨くことで、ＡＩを活用した分析力を高め、キャリアアップを図ることが可能です。

2――ＡＩと人間の協働を支援する仕事

ＡＩの普及により、ＡＩと人間が効率よく協働するための役割も増えてきています。例えば、ＡＩが処理したデータを解釈し、適切な対応策を提案する「ＡＩインタープリター（通訳）」のような職種が登場しています。

ＡＩインタープリターは、ＡＩの分析結果を理解しやすく解釈し、経営者や現場スタッフに対して適切な説明を行う役割です。例えば、ＡＩが予測した市場動向のデータを経営層に説明し、意思決定に役立つ情報を提供することで、AIの効果を最大限に引き出します。

このような役割は、AIの知識と業界の理解を兼ね備えた人材が必要であり、今後のビジネスには欠かせない存在となるでしょう。

3―AIを使った新しいビジネスの創出

AIの可能性を生かして、今までにない新しいビジネスが生まれることも期待されています。例えば、AIを使って特定の業務を効率化するサービスや、AI技術を用いたコンテンツ制作、教育プラットフォームの開発など、多様なビジネスチャンスが存在します。

AIを使って広告用のテキストや画像、動画などのコンテンツを自動生成できるのはすでに説明してきたとおりです。例えば、SNSの広告運用を行う企業がAIを利用して短時間で多くの広告コピーを作成し、効果的なメッセージをテストすることで、広告効果を最大化することも可能です。

ＡＩを活用したクリエイティブなビジネスモデルは、今後ますます注目されるでしょう。

ＡＩとともに未来に向かうための心構え

ＡＩの進化により、ビジネス環境や生活はますます変化していきます。ＡＩの進化に適応し、柔軟に対応するための心構えについても考えていきましょう。

１　新しい技術に対する柔軟な姿勢を持つ

ＡＩや新しい技術が急速に進化している時代では、技術の変化に対して柔軟に対応できる姿勢が重要です。新しいツールやシステムを積極的に学び、実践することで、変化に適応できるようになります。

AIが業務に導入されると、既存のスキルだけでは対応できない場面が出てくることもあります。そのため、AIに関する知識やデータ分析、プログラミングなどの新しいスキルを定期的に学ぶリスキリング（Re-Skilling）（技能の再修得）が重要です。

そこで月に一度はAI関連のオンライン講座やセミナーに参加する習慣を持つことで、最新の技術や知識をキャッチアップしやすくなります。自分のスキルをアップデートし続けることで、変化の激しい環境でも安定して成果を上げることができ、ビジネスの競争力を保つことができます。

2―AIをサポートツールとして上手に使いこなす

AIはあくまでサポートツールであり、人間の代替ではなく協働のパートナーとして捉えることが重要です。AIの長所と短所を理解し、上手に活用することで、AIと人間の強みを組み合わせた効率的な業務遂行が可能になります。

例えば、AIアシスタントを使って日常業務をサポートしてもらう習慣をつけると、作業効率が大幅に向上します。会議のスケジュール調整やメール返信の自動化、タスク管理をＡＩに任せることで、人間はより創造的で重要な仕事に集中できます。ＡＩの特性を知り、効果的に使うことで、無駄な時間や労力を削減し、成果を出しやすくなるのです。

３―人間にしかできないスキルを磨く

ＡＩが進化しても、人間にしかできないスキルは依然として求められます。創造性やコミュニケーションスキル、問題解決能力など、ＡＩでは補えない部分を強化することで、ＡＩとの協働がより効果的になります。

例えば、プレゼンテーション力やアイデアを具体化する力、他者と協力して問題を解決する能力は、ＡＩには難しいスキルです。

ビジネスの場でＡＩが集めたデータをもとに、自分なりの解釈を加えて発表したり、アイデアを膨らませて新しい企画を提案するなど、人間の強みを活かすことで、チーム内での価値がさらに高まります。

4―AI倫理やデータの扱いに関する知識を深める

AIが普及する中で、倫理的な問題やデータのプライバシーに関する理解も求められるようになっています。AIがもたらす影響について正しく理解し、責任をもって活用することで、信頼されるビジネスパーソンとしての評価を築けます。

例えば、顧客データを扱うビジネスにおいては、データの収集や使用方法に関する透明性を確保することが大切です。AIを活用して顧客データを分析する際にも、プライバシー保護を意識し、データが不正に利用されないようなガイドラインを設けることで、顧客からの信頼を得ることができます。

また、AI倫理に関する研修を受けることで、正しい知識を持ち、安心してAIを活用できるようになります。

ＡＩとともに未来を切り開くための実践的なステップ

ＡＩがもたらす未来に備えて、具体的な行動をとることが重要です。ここでは、実際に未来に向けての準備ができる具体的なステップを紹介します。

１―自分のキャリアビジョンを見直し、ＡＩと共存する道を考える

ＡＩの進化に伴い、今後求められるスキルや職種も変化していきます。自身のキャリアビジョンを再確認し、ＡＩと共存しながら成長できる分野を見極め、必要なスキルを身につける計画を立てましょう。

例えば、マーケティング業界でキャリアを築きたい場合、AIを使ったマーケティング分析や広告最適化のスキルは今後必ず必要とされます。そこで、データ分析やAIツールの活用方法を学びながら、マーケティングの知識を深めることで、AI時代にも対応できるキャリアを築くことができます。数年先を見据えた中長期的なプランを立て、目標達成に向けて行動することが大切です。

2 コミュニティやネットワークを活用して最新の情報を得る

AIは日々進化しており、新しい技術や知見が次々と登場します。AIに関するコミュニティや勉強会に参加することで、業界の最新情報をキャッチでき、自分の知識を常にアップデートできます。

例えば、AI技術者が集まるオンラインフォーラムや業界の勉強会に定期的に参加し、技術の最新トレンドを学ぶと同時に、人脈を広げることができます。

SlackやDiscordなどのプラットフォームでAIコミュニティに参加すれば、他のメンバーと知識を共有したり、AI技術に関する質問を気軽に相談できる場が得られます。最新情報の収集やスキルの向上を目的に、積極的にこうしたコミュニティを活用しましょう。

３―ＡＩプロジェクトや取り組みを自分で実践してみる

ＡＩに対する理解を深めるためには、実際にＡＩプロジェクトを手掛けてみることが効果的です。小規模なプロジェクトでもよいので、実際にＡＩを使ってデータ分析をしたり、自分でモデルを構築することで、ＡＩの応用力が身につきます。

例えば、自分が運営しているブログやＳＮＳのデータをＡＩツールを使って分析し、閲覧数やエンゲージメントを高めるための傾向を探ってみるプロジェクトを立てます。Google AnalyticsやＡＩツールを使ってデータを集め、傾向や改善点を見つけることで、ＡＩの実践的な使い方を体感しながらスキルを磨くことができます。

summary

ＡＩは今後ますます進化し、僕たちの生活やビジネスに大きな影響を与えていくでしょう。

これからの時代に適応し、ＡＩとともに未来を切り開くためには、技術に対する柔軟な姿勢や、ＡＩを効果的に活用するスキルが求められます。また、人間にしかできない創造性やコミュニケーション能力を磨くことで、ＡＩと協働しながらよりよい成果を上げられるようになるのです。

この章で紹介した心構えや実践的なステップを参考にし、ＡＩの進化を味方につけて、未来に向けて成長していきましょう。

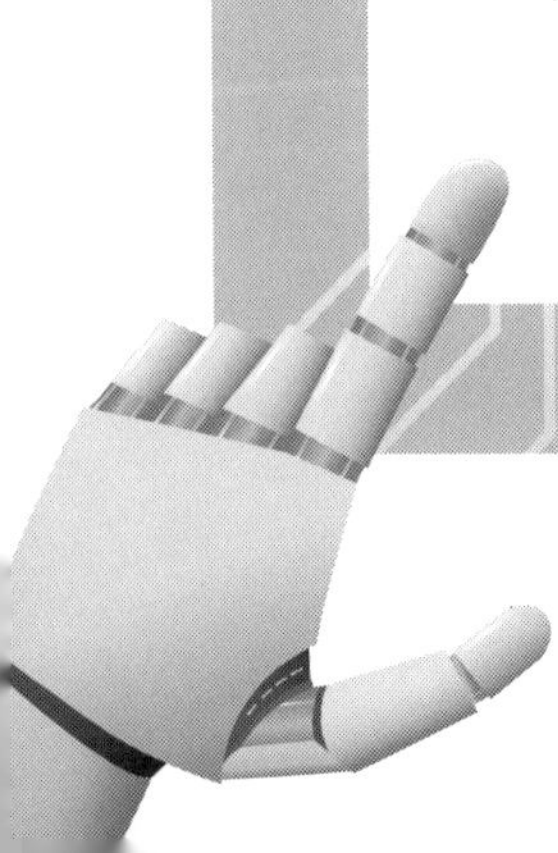

おわりに

ここまで、AIを活用してお金を稼ぐさまざまな方法を、具体例を交えて紹介してきました。AIはかつては専門家のものでしたが、今では僕たちの生活や仕事に広く浸透し、個人でも利用できるツールが増えています。

この本でお伝えしたのは、AIを身近なパートナーとして活用し、自分のスキルや知識をお金に変える方法です。どれも簡単に始められる方法ばかりなので、気軽に試し、自分のスタイルに合ったものを見つけていただければと思います。

ブログやSNSでの情報発信は、身近なところから始められる収益化の方法です。AIツールを使って、ブログ記事やSNSの投稿内容を簡単に作成し、SEO対策やトレンドリサーチもAIに任せることで、効率よく多くの読者にアプローチできます。

僕が指導したある主婦の方は、健康や料理に関するSNSを運営していましたが、AI文章生成ツールを導入したことで、記事作成の時間が半分に減り、さらに内容の質も向上しました。結果として、SNSへのアクセス数が増え、アフィリエイト収入も10倍以上になりました。このように、ＡＩは誰でも手軽に始められる収益化の第一歩をサポートしてくれます。

また、ＡＩを活用したオンライン講座の提供やデジタルコンテンツの販売も、収益化に適した方法です。例えば、外国語学習に詳しい方がＡＩを活用して、自宅で簡単に学べる英会話講座を提供した例があります。この方は動画作成ツールを使って教材を作り、ＡＩで生成した字幕やスライドを追加することで、視覚的にわかりやすいコンテンツを用意しました。結果として、ＡＩを活用したコンテンツ制作により効率が上がり、短期間で多くの講座を提供できるようになり、受講者も増えました。

こうしたスキルの提供は、ＡＩの力を借りて短時間で作成できるため、本業を持ちながら副業として取り組むことも可能です。

人脈を広げるためのＳＮＳ活用とＡＩサポート

ビジネスの成功には、ＳＮＳでのつながりや人脈も重要です。ＡＩを活用することで、ＳＮＳの投稿やフォロワー管理を効率化し、効果的なネットワーキングが可能になります。

あるビジネスマンの例では、AIを使ったSNS投稿管理ツールを導入することで、毎日の投稿内容を自動で作成・スケジュールし、さらにフォロワーからのメッセージにも自動返信する仕組みを整えました。その結果、SNS上での影響力が増し、新しいビジネスパートナーとのつながりが広がりました。

このように、AIを利用してオンラインでのつながりを強化することは、新しいビジネスチャンスを広げる一歩となります。

自分のペースでAIを学び、使いこなす

AIの導入に対して「難しそう」と感じるかもしれませんが、小さな一歩から始めれば、自然に慣れていきます。

例えば、まずは無料で使えるAIツールを試し、日常的な業務や興味のある分野で少しずつ取り入れてみるとよいでしょう。

あるフリーランスのデザイナーは、最初にAIで生成された画像を試し、自分の作

品に取り入れることでデザインの幅が広がりました。さらに、ＡＩを使った効率的なアイデア出しや、色の選定サポートを利用して、短期間でクオリティの高い作品を多数仕上げることができ、クライアントの評価が上がりました。

このように、少しずつＡＩに慣れていくことで、仕事や趣味の幅が広がり、生活にもよい影響が出てくるでしょう。

ＡＩと人間の協働の未来を見据える

ＡＩが進化し続けることで、将来的にはさらに多くの分野でＡＩが活躍するでしょう。例えば、医療や教育、法律といった専門性の高い分野でも、ＡＩがデータを分析して迅速なアドバイスを提供する場面が増えるかもしれません。

そのためには、ＡＩの特性や限界を理解し、ＡＩにできること・できないことを見極めながら、人間がどのようにサポートできるかを考えることが重要です。僕たち人間にしかできない創造的な発想やコミュニケーションスキルを磨き、ＡＩと協力して成果を上げる姿勢が求められます。

例えば、データを解析して問題の原因をＡＩが特定したとしても、その後の対応策や解決策を考えるのは人間です。ＡＩが提供する情報をもとに、どう動くかを判断する力が必要とされるでしょう。

今後も、ＡＩを単なるツールとして捉えるのではなく、パートナーとして共に成長することで、ビジネスや生活のあらゆる場面での可能性が広がります。

明日から実践できること

本書でご紹介した方法は、すぐに実践できるものばかりです。まずは、簡単なＡＩツールを使って、自分の業務や日常生活で少しずつ活用してみてください。

例えば、文章作成が必要な場面でＡＩ文章生成ツールを使ってみたり、ＳＮＳの投稿にＡＩでトレンドを取り入れる工夫をしてみたりと、日々の小さな取り組みが大きな成果につながっていくのです。

あるいは、ＡＩの学習を兼ねて簡単なオンライン講座に参加してみるのもよいでしょう。自分の興味に合ったテーマを選び、まずは少しずつＡＩを使った収益化の方法を試してみることで、やがて大きなビジネスのチャンスが開けるかもしれません。

もちろん僕自身もそういうオンライン講座を開催していますので、もっと実践的に学びたい方は泉忠司公式LINE（@tadashi123）にご登録ください。登録はもちろん無料です。

ＡＩとともに未来を切り開く

ＡＩは日々進化を続けており、今後もさらに多くの分野で僕たちの生活を支える存在になっていくでしょう。これからの時代は、ＡＩを活用しながら、自分自身の強みやスキルを活かし、柔軟に適応することが求められます。ＡＩの進化をおそれず、むしろ積極的に学び、パートナーとしてＡＩを活用する姿勢を持つことで、時代の変化を味方につけられるのです。
「AIに人間の仕事を奪われる」とおびえるのではなく、AIに自分の仕事を積極的に奪われてください。そうすることで、あなたは雑務やルーティンワークに追われて失われていた時間を取り戻すことができるので、よりクリエイティブな仕事に時間を使ったり、人生を楽しむために時間を使えるようになるのです。

最後に改めて言及しますが、僕はこの本をたった1日で完成させました。もっと正確に言うと、ChatGPTに目次案を出してもらいはじめたところから約14時間、ほぼ半日で、今この部分を書いています。AI文章生成ツールがなかった時代であれば、業界最速の執筆時間を誇る僕でさえ、睡眠時間を削りに削って書いても2週間はかかったはずです。

おかげで僕は明日から休暇をとってリゾートアイランドでのんびり過ごすことができます。まさにAI様様です。プロの作家である僕がAIに仕事を奪われるのをおそれたからではなく、AIに自分の仕事を積極的に奪われにいったからこそ、たった14時間で1冊の本を完成させることが可能となりました。

この本が、あなたのAI活用の第一歩となり、未来を切り開くための手助けとなれば幸いです。AIと共に成長し、新しいビジネスの可能性や働き方を模索していきましょう。

AIは単なるツールではなく、僕たちの可能性を広げるための「もう一人の仲間」です。今日からできる小さな一歩を大切に、AIと共に未来へ向かう旅を始めてください。

著者

■著者紹介

泉忠司 (Tadashi Izumi)

1972年香川県高松市生まれ。
偏差値30から半年で全国模試1位に。ケンブリッジ大学留学後、早稲田大学British Studies研究所客員研究員を経て、横浜市立大学、青山学院大学、日本大学などの講師を17年にわたって歴任。独自の教育理論と歩んできた実人生から「リアルドラゴン桜」と呼ばれ、コミック『ドラゴン桜』12巻（講談社）でも紹介される。2018年11月にケンブリッジ大学コーパス・クリスティ・カレッジより名誉文学博士号を授与され、ケンブリッジ大学名誉教授に就任。

『歌って覚える英文法完全制覇』(青春出版社)をはじめとする「泉忠司の完全制覇シリーズ」は大学受験参考書シリーズで確固たる地位を占める。また、『コンフィデンスシンキング〜成功のための7つの絶対原則〜』(扶桑社)、『魚の釣り方は自分で考えろ』(中経出版)、『バカとブスこそ金稼げ』『神のマネー戦略』(ともにマネジメント社)などのビジネス書は紀伊國屋書店やジュンク堂をはじめ全国の主要書店で次々と週間ランキング1位に。さらには恋愛小説『クロスロード』(ゴマブックス）がシリーズ累計100万部のベストセラーになるなど、多岐にわたる著書は50冊以上、累計360万部を超える。

ドラゴンアカデミー、シンニホン創成プロジェクトなどのオンラインコミュニティを主宰し、数多くの億万長者を生み出している。

泉忠司公式 LINE

初心者のためのＡＩを活用したお金の稼ぎ方

2025 年 2 月 5 日　初版　第 1 刷発行

著　者　泉 忠司
発行者　安田喜根
発行所　株式会社 マネジメント社
〒 101 - 0052
東京都千代田区神田小川町 2 - 3 - 13 M&C ビル 3 F
TEL. 03 - 5280 - 2530（代表）FAX. 03 - 5280 - 2533
ホームページ　https://mgt-pb.co.jp
印　刷　中央精版印刷株式会社

ISBN978-4-8378-0532-8　C0033